# ऑरोवैली: द सीक्रेट्स ऑफ माई जर्नी

## सत्य की तलाश में...

श्री समीर

ISBN 979-888569685-2

गुरुदेव- डॉ० प्रज्ञान चौधरी

गुरूर्ब्रह्मा गुरूर्विष्णुः गुरूर्देवो महेश्वरः ।
गुरूर्साक्षात परब्रह्म तस्मै श्री गुरवे नमः ।।

"अर्थ : गुरु ही ब्रह्मा हैं, गुरू ही विष्णु हैं । गुरूदेव ही शिव
हैं तथा गुरूदेव ही साक्षात् साकार स्वरूप आदिब्रह्म हैं । मैं

सर्वप्रथम मैं अपने ईश्वर रूपी गुरुओं के समक्ष आशीष झुकाता हूं। आज़ मैं उन्हीं के शिक्षण और प्रशिक्षण के बदौलत यह ग्रंथ लिख पाया हूं। इसके पश्चात मैं अपने माता-पिता के समक्ष आशीष झुकाता हूं, क्योंकि उन्होंने मुझे जन्म देकर इस भौतिक संसार में कुछ क्रियाकलाप करने का अवसर प्रदान किया। इसके पश्चात मैं उन सभी लोगों का तहे दिल से धन्यवाद करता हूं, जिन्होंने मेरे प्रारंभिक जीवन से लेकर आज तक मेरी सहायता की।

गुरुदेव प्रज्ञान सर व शोकेन्द्र सर ने भी मेरी स्क्रिप्ट को पढ़कर मुझ पर एहसान किया। मैं शोधार्थी ज्योति का विशेष रूप से धन्यवाद करना चाहूंगा। क्योंकि उन्होंने अपना कीमती समय निकालकर इस पुस्तक की स्क्रिप्ट को पढ़ा तथा इसकी मात्रात्मक त्रुटियों को दूर करने में मेरी सहायता की। मैं अपने हॉस्टल के कक्ष संख्या 34 के शोधार्थी अंकित एवं कक्ष संख्या 33 में रहने वाले शोधार्थी त्रिपुरेश एवं पिंटू का भी दिल से धन्यवाद करता हूं, क्योंकि इन लोगों ने मुझे एकांत में इस पुस्तक को लिखने का अवसर प्रदान किया (क्योंकि ये तीनों लोग अपने किसी जरूरी कार्य के लिए हॉस्टल का रूम छोड़ कर अपने अपने घर चले गए थे) । हमारी मैस कमेटी व मैस के कर्मचारी राजू और दीपक का भी मैं धन्यवाद करता हूं, क्योंकि उन लोगों की बदौलत ही हमें हॉस्टल में अच्छी गुणवत्ता का भोजन मिला जिससे हम स्वस्थ रह सकें । यह एक आश्चर्य की बात है, कि जब से मैंने इस पुस्तक का लेखन कार्य शुरू किया है, तब से ही हॉस्टल में खाना बनना भी बंद हो गया है। मैं दादी जी का भी धन्यवाद करता हूं, क्योंकि उन्होंने हमेशा मुझे मोटिवेट रखने के लिए मेरा आत्मविश्वास बढाया। मैं अपने दोस्तों में राहुल, आसिफ, गोविंदा, सनी, रुपेश, सुमित, दीपक, गौरव, रॉकी, मनीष, रोहित, मोहित, कॉलेज के ही सहपाठी सुमित, विनय,

राहुल आदि का भी धन्यवाद करता हूं। गांव के ही डॉक्टर सुशील, सुभाष डीलर समेत तमाम लोगों ने मेरी हर समय सहायता की तथा हर समय मेरे साथ खड़े रहे। इनके अलावा अन्य लोगों का सहयोग भी मुझे समय समय पर प्राप्त होता रहा। मैं अपने परिवार के सदस्यों मिंटू, माला और पीयूष का विशेष रूप से धन्यवाद करता हूं, क्योंकि उन्होंने मुझे डिस्टर्ब नहीं किया जिससे मैं बिना निर्बाध गति से अपना काम करता गया। इसके साथ मैं ऑरोवैली आश्रम के स्वामी ब्रह्मदेव जी, ऑरो यूथ कैंप की कैंप कोऑर्डिनेटर कीर्ति मैम, कैंप पर्यवेक्षक अन्ना जी एवं कैंप फैसिलिटेटर वर्षा जी के साथ-साथ सभी प्रतिभागियों का भी धन्यवाद करता हूं।

अंत में मैं अपने गुरुजनों के लिए निम्न पंक्तियों का प्रयोग करके अपनी बात समाप्त करता हूं:-

गुरुदेव- डॉ० शोकेन्द्र कुमार शर्मा

त्वमेव माता च पिता त्वमेव त्वमेव बन्धुश्च सखा त्वमेव ।

त्वमेव विद्या द्रविणं त्वमेव त्वमेव सर्वं मम देव देव ।।
"
अर्थ : तुम ही माता हो, तुम ही पिता हो, तुम ही बन्धु हो,
तुम ही सखा हो, तुम ही विद्या हो, तुम ही धन हो । हे
देवताओं के देव ! सद्गुरुदेव ! तुम ही मेरा सब कुछ हो ।"

दिनांक:- 23/01/2022

**Mr. Sameer**

{M.A. (Gold Medalist), UGC JRF}

Research Scholar (Ph.D.),

Department of History,

Digambar Jain (P.G.) College, Baraut, Baghpat,

Uttar Pradesh, India. Pin Code – 250611.

Chaudhary Charan Singh University, Meerut, Uttar
Pradesh, India.

Pin Code – 250004.

# क्रम-सूची

# क्रम-सूची

# लेखक परिचय

प्रस्तुत ग्रंथ के रचनाकार एवं गंभीर शोधार्थी - श्री समीर

**सामान्य जानकारी:-**

- नाम: श्री समीर
- माता: श्रीमती गंगा देवी
- पिता: श्री राधे श्याम

**उच्च शिक्षा:-**

लेखक परिचय

- एम. ए. इतिहास (विश्वविद्यालय स्वर्ण पदक विजेता)
- जूनियर रिसर्च फैलो (पीएचडी शोधार्थी)

शिक्षण संस्थान:-

- उत्तर प्रदेश बोर्ड ऑफ़ हाई स्कूल एंड इंटरमीडिएट
- एनसीसी डायरेक्टरेट, लखनऊ
- चौधरी चरण सिंह विश्वविद्यालय, मेरठ
- विश्वविद्यालय अनुदान आयोग, नई दिल्ली
- आईआईटी रुड़की, रुड़की
- बनारस हिंदू यूनिवर्सिटी, वाराणसी
- जामिया मिलिया इस्लामिया, नई दिल्ली
- पतंजलि योगपीठ, हरिद्वार
- राष्ट्रीय इलेक्ट्रॉनिकी एवं सूचना प्रौद्योगिकी संस्थान, दिल्ली
- स्वयं ऑनलाइन पोर्टल
- नेपटेल ऑनलाइन पोर्टल
- दीक्षा ऑनलाइन पोर्टल
- गूगल डिजिटल गैराज
- द ओपन यूनिवर्सिटी, लंदन
- किंग्स कॉलेज, लंदन
- जॉन्स हॉपकिन्स विश्वविद्यालय, मैरीलैण्ड

प्रोफेशन:-

- रिसर्च स्कॉलर

रिसर्च स्थल:-

"इतिहास विभाग, दिगंबर जैन (पी. जी.) कॉलेज, बड़ौत, बागपत, उत्तर प्रदेश, पिन कोड- 250611."

पताः-

*"गांव फतेहपुर चक, जिला बागपत, उत्तर प्रदेश, पिन कोड-250623."*

सत्य की तलाश में विरले लोग ही निकलते हैं, क्योंकि सत्य की यात्रा बहुत लंबी प्रतीत होती है। जो निकलते हैं उनमें से कुछ तो सत्य तक पहुंच नहीं पाते, और कुछ को पहुंचने ही नहीं दिया जाता। यदि कोई शाश्वत सत्य के साथ खिलवाड़ करेगा तो वह संपूर्ण प्रकृति की बरबादी का जिम्मेदार होगा। प्रायः कुछ चालाक लोग निजी स्वार्थों के लिए किसी भी मनगढ़ंत कहानी को सत्य साबित करने के प्रयास में लगे रहते हैं। कुछ तथाकथित विद्वान लोग कुछ झूठी परिकल्पनाओं के माध्यम से सार्वभौमिक सत्य की निर्मम हत्या करने के प्रयास में भी लगे रहते हैं। सत्य को बचाए रखने के लिए ऐसे तमाम लोगों को रोकना बहुत जरूरी है। इतिहास में कुछ ऐसे विद्वान भी हुए हैं, जो संभवतः सत्य तक पहुंच चुके हैं। अतीत में महावीर स्वामी, गौतम बुध, कन्फ्यूशियस, अरस्तु जैसे विद्वान सत्य की तलाश कर चुके हैं। अध्यात्म के द्वारा भी सत्य तक पहुंचना संभव है, लेकिन इसका मतलब ये नहीं है कि अध्यात्म के बगैर सब कुछ मिथ्या है। वास्तव में सत्य की खोज पर निकले प्रत्येक व्यक्ति को बहुत सी समस्याएं झेलनी पड़ती है। लेकिन वे सभी समस्याएं सत्य की खोज में उस व्यक्ति की सहायता अवश्य करती हैं। आइए एक छोटी सी यात्रा पर चलते हैं, सत्य की तलश में...

अनेक मुसीबतों का सामना करने के बावजूद अपनी जिद पर अडिग रहकर मैंने इस पुस्तक की रचना की है। मेरा अतीत अनेक उतार-चढ़ावों से भरा पड़ा है। मेरा अधिकांश जीवन ग्रामीण पृष्ठभूमि में बीता है। लेकिन बचपन से ही जिज्ञासु स्वभाव होने के कारण मैं भारत की राजधानी दिल्ली एवं आसपास के बड़े शहरों में अपनी परीक्षाएं देने के लिए जाया करता था। मुझे बचपन में ही भारत के कई राज्यों (दिल्ली, पश्चिम बंगाल, उडीसा) की यात्रा करने का सौभाग्य प्राप्त हुआ था। इसी कारण मुझे बाल्यावस्था में हिंदी, बांग्ला, ओड़िया और अंग्रेजी

भाषा सीखने का अवसर मिला। उम्र बढ़ने के साथ-साथ मैंने पंजाबी, हरियाणवी व भोजपुरी आदि भाषाएं भी थोडी बहुत बोलनी सीखी।

हिंदी एवं खड़ी बोली का गढ़ माने जाने वाले पश्चिमी उत्तर प्रदेश के बागपत जनपद के एक छोटे से गांव फतेहपुर चक में मेरा जन्म हुआ। गांव में ही प्रारंभिक शिक्षा मिलने के कारण बचपन से ही हिंदी भाषा की ओर मेरा झुकाव अधिक रहा। मैंने 2012 में अपनी हाई स्कूल की परीक्षा दिगंबर जैन इंटर कॉलेज बड़ौत, बागपत से पास की। वीर स्मारक इंटर कॉलेज बड़ौत, बागपत से अपनी इंटरमीडिएट की परीक्षा 2014 में पास की। 2014 में इंटर के साथ ही चार वर्ष के प्रशिक्षणोपरांत एनसीसी का सी सर्टिफिकेट प्राप्त किया। इंटर में ओम शंकर आर्य सर हमें बायोलॉजी (जंतुविज्ञान व वनस्पति विज्ञान) पढ़ाया करते थे। वे बायोलॉजी के एक सच्चे विद्वान थे। वहीं पर अनिल सर फिजिक्स बहुत अच्छे तरीके से पढ़ाते थे। 2014 में ही भुवनेश्वर स्थित कलिंग इंस्टिट्यूट ऑफ टेक्नोलॉजी, यूनिवर्सिटी में एडमिशन हेतु एंट्रेंस दिया और पास भी किया। लेकिन आर्थिक स्थिति ने साथ नहीं दिया और उसे भूलना पड़ा। इंटर के समय मेरा झुकाव जूलॉजी और बॉटनी की तरफ था। 2014 में ही सनी के साथ जनता वेदिक डिग्री कॉलेज में बीएससी (सी. बी. जेड.) में एडमिशन लेने गया, लेकिन गंभीर चिंतन के बाद एडमिशन फॉर्म नहीं भरा। इसके बाद मैंने बी. ए. (व्यक्तिगत) को चुना। किन्हीं कारणवश मुझे 2015 में घर छोड़ना पड़ा। इस दौरान मुझे उत्तर प्रदेश के हापुड़, शाहजहांपुर, बदायूं, शामली, बागपत आदि जिलों में कई एन. जी. ओ. के साथ काम करने का अवसर मिला। मैंने अपनी बी. ए. बड़ौत के ही जनता वेदिक कॉलेज से 2017 में पूर्ण की। मैंने 2017 में इलाहाबाद विश्वविद्यालय में एडमिशन के लिए एल. एल. बी. का एंट्रेंस दिया। एंट्रेंस पास भी हुआ, लेकिन आर्थिक समस्या ने एक बार फिर ब्रेक लगा दिये। इसी समय दिल्ली विश्वविद्यालय में एडमिशन के लिए अप्लाई किया लेकिन मेरिट ऊपर जाने के कारण वहां भी निराशा हाथ लगी। चौधरी चरण सिंह विश्वविद्यालय, मेरठ परिसर हेतु एम. ए. इतिहास और एम.बी.ए. एवं डी.ए.वी. (पी. जी.) कॉलेज, मुजफ्फरनगर में एल. एल. बी. एवं दिगंबर जैन (पी. जी.) कॉलेज, बड़ौत में एडमिशन

के लिए के लिए एम. ए. इतिहास में प्रवेश के लिए आवेदन किया। सभी कोर्स की मेरिट सूची में नाम दर्ज हुआ। लेकिन इसके बाद परिस्थितियों से समझौता करते हुए मैंने दिगंबर जैन (पी. जी.) कॉलेज को चुनने का फैसला किया। 2017 में मुझे एक बिजनेस में बड़ी असफलता हाथ लगी। कर्ज लिया हुआ अधिकांश पैसा डूब गया। बिज़नेस के असफल हो जाने के तुरंत बाद दिगंबर जैन पीजी कॉलेज बड़ौत, बागपत में 2017 के जुलाई माह में एडमिशन लिया। कॉलेज में मेरी मुलाकात डॉ० प्रज्ञान चौधरी व डॉ० एवं शोकेन्द्र कुमार शर्मा सर से हुई। कभी-कभी डॉ० के. सी. जैन सर भी मार्गदर्शन के लिए कक्षा में आते रहते थे। अपने अध्यापको के मार्गदर्शन में मेरा लगाव इतिहास विषय के साथ-साथ अन्य विषयों के प्रति भी बढ़ता गया। अंततः मैं भारत समेत दुनिया के तमाम वैश्विक मुद्दों पर गहराई से चिंतन करने लगा। मेरी रूचि इतिहास, भूगोल, राजनीति शास्त्र, समाजशास्त्र, तर्कशास्त्र, दर्शन शास्त्र, अध्यात्म एवं सिनेमा आदि क्षेत्रों में बढ़ने लगी। प्रज्ञान सर के संरक्षण में अक्टूबर 2018 को अंतर राज्यीय शैक्षणिक टूर पर जाने का मौका मिला। मेरी एम. ए. 2019 में पूर्ण हुई, तथा मुझे विश्वविद्यालय टॉपर बनने का सौभाग्य प्राप्त हुआ। इसके तुरंत बाद मैंने आईआईटी रुड़की से बॉडी लैंग्वेज की टू प्रोफेशनल सक्सेस में प्रमाण पत्र प्राप्त किया। इसके पश्चात मैं कुछ महीनों के लिए हापुड़ के राजकीय आई. ए. एस. / पी. सी. एस. कोचिंग केंद्र निजामपुर में आईएएस की तैयारी करने के लिए गया था। वहां पर श्रद्धेय राजकुमार सर और हॉस्टल अधीक्षक सचिन सर एवं अन्य लोगों से मुलाकात का मौका मिला। कुछ विशेष कारणों से वहां मैं यूपीएससी परीक्षा की तैयारी अच्छे से नहीं कर पाया। हापुड़ में रहने के दौरान ही मुझे जूनियर रिसर्च फैलोशिप (JRF) का एग्जाम क्लियर करने का अवसर प्राप्त हुआ (कुछ विशेष कारणों से मैं यह एग्जाम छोड़ने वाला था, लेकिन रवि और आसिफ के जोर देने पर मैंने यह परीक्षा दी थी) । इसके पश्चात यूपी में कोरोना ने दस्तक दी (वैसे तो कोरोना बहुत पहले आ चुका था, लेकिन सरकारी आदेश 12/13 मार्च 2020 को जारी किया गया तथा 13/14 मार्च को हम हापुड़ से घर चले गए। देश में 22 मार्च 2020 को पहला लॉकडाउन लगा) । मुझे हापुड़ से

घर जाना पड़ा। घर पर जाकर यूपीएससी की तैयारी करनी थी, लेकिन अभी तो मुझे एक और मुसीबत से टकराना था, वह था पब्जी गेम। पब्जी गेम की वजह से भी मेरी यूपीएससी की तैयारी प्रभावित हो रही थी। लेकिन मैंने 31 मई के इंतजार में तैयारी जारी रखी। UPSC का पेपर पीछे हटने के कारण मुझे निराशा हाथ लगी और परिस्थितियों के सामने घुटने टेकते हुए मैंने तैयारी बीच में ही छोड़ दी। 2 जून की रोटी कमाने के लिए तुरंत गूगल द्वारा आयोजित फंडामेंटल्स आफ डिजिटल मार्केटिंग का कोर्स पूर्ण किया। जून में बिजनेस करने की फिर से तैयारी शुरू कर दी। इस बार फिर मुझे उसी बिजनेस में (दूसरी बार) बड़ी असफलता हाथ लगी। पुराने कर्ज में और वृद्धि हो गई थी। बिज़नेस के असफल होने के तुरंत बाद अपनी आजीविका चलाने के लिए मैंने कोरोना काल में कई राज्यों में जाकर संघर्ष किया। इस संघर्ष के दौरान वर्तमान में विश्व के सबसे अमीर व्यक्ति (आर्थिक रूप से अमीर व्यक्ति) जैफ बेजोस की कंपनी अमेजन (बहालगढ़ में DEL-4, जमालपुर में DEL-V) में मुझे वेयरहाउस एसोसिएट के पद पर कई बार कार्य करना पड़ा। लेकिन अच्छा माहौल और परिस्थिती ना होने के कारण हर बार मैं कंपनी में ज्यादा दिन तक नहीं टिक पाया। कोरोना की बदौलत मैं दादी जी से मिल पाया, दादी जी के निर्देशन में मैंने पतंजलि योगपीठ हरिद्वार द्वारा संचालित सह योग शिक्षक प्रशिक्षण कोर्स पूरा किया। कोरोना के जाते ही स्कूल खुल गए थे। फिर अश्वनी अंकल ने मेरे आग्रह पर मुझे अल्पाइन पब्लिक स्कूल में भेजा। अल्पाइन पब्लिक स्कूल में मैंने कई माह तक अपनी सेवा दी। दिसंबर 2020 में मैंने चौधरी चरण सिंह विश्वविद्यालय में पीएचडी में एडमिशन के लिए आवेदन किया था। पीएचडी की सूची में सेलेक्ट होने के पश्चात अगस्त 2021 में जाकर एडमिशन लिया। अक्टूबर 2021 के महीने में मेरी प्री. पीएचडी कोर्स की कक्षाएं शुरू हो गई। दिसंबर 2021 में मैंने ऑरो यूथ कैंप में हिस्सा लिया। वर्तमान में मैं एक गंभीर शोधार्थी के रूप में सक्रिय हूं।

श्री समीर।

# प्रस्तावना

यह पुस्तक दिसंबर 2021 में ऑरोवैली आश्रम के ऑरों यूथ कैंप के अनुभव को ध्यान में रखते हुए लिखी गई है। लेकिन इस पुस्तक में अध्यात्म, दर्शन, इतिहास, भूगोल, राजनीति, संस्कृति, धर्म, समाज आदि क्षेत्रों से संबंधित ज्ञान-विज्ञान की बातें है। मैंने पूर्वाग्रह रहित, तथ्य एवं प्रमाण के साथ समस्त जानकारी को प्रस्तुत किया है। दरअसल मैं पाठकों को भटकाना नहीं चाहता हूं। मैं उनको सत्य के द्वार तक पहुंचाना चाहता हूं। कुछ लोग अपने निजी स्वार्थ के लिए आम लोगों को भटकाएं रखना चाहते हैं। वे किसी हद तक इस काम में सफल भी होते हैं। भोले लोग उनके बहकावे में आ भी जाते हैं। लेकिन समाज में हमेशा कुछ लोग ऐसे होते हैं, जो आम लोगों को भटकने से रोकना चाहते हैं। वे उन्हें जागाना चाहते हैं। जब भारत अंग्रेजों के अधीन था, अंग्रेजों द्वारा किए जा रहे शोषण के खिलाफ अनेक विद्वानों ने आवाज उठाई उनमें से एक श्री अरविंद घोष भी थे। अरविंद इंसान के वेश में किसी ईश्वर से कम नहीं थे। क्योंकि उन्होंने तत्कालीन सभी नागरिकों की चेतना को जगाने का प्रयास किया, क्योंकि अधिकतर लोग मानवता के मूल्यों को ही भूलते जा रहे थे। कुछ लोग उस समय धर्म से संबंधित कर्मकांड और पाखंड में लिप्त हो गए थे। उन्होंने भटके हुए लोगों को मानवता का महत्व बताने का प्रयास किया।

दुनिया में सस्ते लोगों का प्रचार-प्रसार कुछ जल्दी ही होता है, क्योंकि वे अपने जुमलों से लोगों के मन को लुभाते है। अरविंद को समझना थोड़ा मुश्किल और कठिन है। इन्हें समझने के लिए कुछ ज्यादा ही मानसिक कसरत करनी पड़ती है। प्राय: यह कार्य आम लोगों की पहुंच से बाहर होता है। जातिवाद, धार्मिक पाखंड, तथाकथित राष्ट्रवाद, अंधभक्ति, परिवारवाद, सामंतवाद, पूंजीवाद, पितृसत्ता आदि सामाजिक बुराईयों को त्यागकर हमें एक सच्चा और अच्छा इंसान बनने की दिशा में कदम उठाना चाहिए। ऐसा इंसान बनना इतना आसान कहां है? अगर इतना आसान होता तो संविधान बनने के लगभग

70 साल बाद भी क्या भेदभाव के मामलों में कमी नहीं आती? क्या हम सभी देश के नागरिक एकता के साथ अपना विकास नहीं कर रहे होते? क्या सभी लोगों के बीच की असमानताएं, दूरियां कम नहीं हो गई होती? लेकिन शायद नहीं। कुछ लोग देश में ऐसे भी है, जो इन अव्यवस्थाओं को हमेशा के लिए देश में ही रहने देना चाहते हैं। क्योंकि इनसे उनके राजनीतिक, सामाजिक, धार्मिक, आर्थिक, सांस्कृतिक लाभ पूरे होते है। वे अपने निजी स्वार्थों के कारण समाज को हमेशा बांटकर रखना चाहते हैं। इसलिए मैं आप लोगों को जागृत करना चाहता हूं। आप लोगों की आंखें खोलना चाहता हूं। इस छोटे से अनुभव और ग्रंथ के माध्यम से आप लोगों को यह बताना चाहता हूं, कि सत्य क्या है? क्या धर्म, ईश्वर, अध्यात्म, विज्ञान, मानवता सत्य हैं? क्या ये सब झूठ है? आख़िर मैं इन मुद्दों को आज क्यों उठा रहा हूं? क्योंकि भारतीय संविधान प्रत्येक भारतीय नगरिक को हर मुद्दे पर सोचने, बोलने, पढ़ने और लिखने की आजादी प्रदान करता है। हम सभी लोगों का का यह कर्तव्य है, कि हम मानवता के लिए काम करें। हम भारत के विकास के लिए काम करें। हमें उन लोगों की बातें कभी नहीं सुननी और माननी चहिए जो इस देश को तोड़ने, विखंडित करने, सांप्रदायिक दंगे करवाने की बात करते हो। हमें ऐसे लोगों को आर्दश बनाना चाहिए जो आपसी भाईचारा बढ़ाते हो, समाज में एकता और शांति की बात करते हो, विविधता में एकता की बात करते हो। हमारे देश में अनेक बोलियां और भाषाएं हैं। अलग-अलग राज्यों के अलग-अलग त्योहार भी है। यहां अलग-अलग भौगोलिक क्षेत्र और मौसम की दशाएं भी हैं। भौगोलिक विभिन्नताओं के कारण लोगों के सामाजिक, आर्थिक और सांस्कृतिक जीवन में विशाल परिवर्तन भी है। हमें यह जानना है, कि सच क्या है? सत्य की इस दौड़ में मैं आपकी सहायता करूंगा। क्योंकि आप लोग निकले पडे हैं, सत्य की तलाश में...

श्री समीर।

# भूमिका

प्राचीन काल से ही मानव समाज में बदलाव आते रहे हैं। यह बदलाव का दौर बिग बैंक से शुरू हुआ था। इसके पश्चात पृथ्वी का निर्माण हुआ। सबसे पहले जलमंडल में जीवों का जन्म हुआ। वहां से वे जीव रेंगते हुए स्थलमंडल पर आए। इसके पश्चात उनमें अनेक परिवर्तन होते गए। धीरे धीरे जीवधारियों ने अपना विकास जारी रखा। तमाम भौगोलिक और ब्रह्मांडिकीय घटनाओं के पश्चात कुछ युग के जीव नष्ट हो गए तथा कुछ बचे रहे। अंत में इसी विकास की दौड़ में आदिमानव से रूपांतरित होकर आधुनिक इंसान ने अपना वर्तमान रूप धारण किया। पाषाण काल के मानव चमकती बिजली, बाढ़, आग तथा प्रत्येक भौगोलिक आपदा से डरते थे। उसी डर के परिणाम स्वरूप वे उन्हें पूजने लगे। धीरे-धीरे पूजा-पाठ का चलन कुछ ज्यादा ही बढ गया। कुछ लोगों ने आर्थिक और सामाजिक लाभ के लिए पूजा को अपना धंधा बना लिया। अंत में एक दौर ऐसा भी आया, जब पूजा करने के लिए अलग-अलग धर्म बन गए। धर्म के ध्वज तले बड़े-बड़े युद्ध हुए। युद्धों में लाखो हजारों लोग मारे गए। हजारों-लाखों मासूम जिंदगी बर्बाद कर दी गई। उसके पश्चात विजेताओं को क्या मिला?

क्या ईश्वर ने पृथ्वी का निर्माण इसीलिए किया था, कि सभी लोग एक दूसरे को मार कर खुश रहे? शायद नहीं। क्योंकि यह तो पूर्ण रूप से स्वार्थी मनुष्य के द्वारा कल्पित परिणामों का फल था। अंततः अपंग समाज को सही दिशा देने के लिए तमाम विद्वान समय-समय पर आते रहे व राजवंशों के प्रमुखों को भी सही रास्ता दिखाते रहें। कुछ लोगो के विचार मान लिए गए और कुछ लोगों को मार दिया गया। मृत्यु को प्राप्त अधिकतर तर्कशील लोग अपनी मौत के बाद भी सार्वभौमिक सत्य को छोड़कर गए हैं। वह आज तक गलत साबित नहीं हुआ है, और शायद होगा भी नहीं। क्योंकि वह कोरी कल्पना ना होकर उन लोगों के द्वारा महसूस किए गए अनुभव अथवा शोध का परिणाम था। उन्होंने चीजों को मनगढ़ंत तरीके से बदला नहीं था। वे किसी धर्म या ईश्वर को

स्वीकार या नकारते नहीं थे। एक प्रकार से अध्यात्म को हम एक वैश्विक धर्म कह सकते हैं, जो संपूर्ण समाज को एक समाज के रूप में संगठित करने की ताकत रखता है। धर्मनिरपेक्षअध्यात्म पूरी दुनिया को एक ही देश के रूप में और सभी देशों को छोटे-छोटे राज्यों के रूप में परिभाषित करता है। आज विज्ञान और प्रौद्योगिकी युग में कुछ लोगों को अध्यात्म की ताकत का भी एहसास होने लगा है। शायद अध्यात्म लोगों के जीवन को बदल सकता है। अध्यात्म के अधिकतर आलोचक इसे एक धंधे का माध्यम भी मानते हैं। कुछ स्वार्थी लोगों की वजह से अध्यात्म अपने वास्तविक मार्ग से भटक रहा है।

सच क्या है? यह जानना थोड़ा मुश्किल है। जब तक हम किसी वस्तु से दूर रहते हैं, तब तक उसके बारे में सच नहीं जान पाते हैं। आइए जानें कि अध्यात्म, दुनिया, समाज, संस्कृति और धर्म के पीछे का सत्य क्या है? आइए हम इस पवित्र यात्रा पर आपका स्वागत करते हैं। यह यात्रा बहुत कठिन जरूर है, लेकिन इस पर चलने के लिए आपका हृदय से स्वागत है। अध्यात्म के उद्देश्यों को प्राप्त करने के लिए आप चल रहें सत्य की तलाश में...

श्री समीर।

# पावती (स्वीकृति)

1. सुझाव / आलोचना / संदेश (त्रुटियां कमी):-

    कड़े संघर्ष और मेहनत के बाद मैं आप लोगों के सामने यह पुस्तक प्रस्तुत कर पाया हूं। इसे लिखते समय मैंने कई रात जागकर, पूरे दिन में केवल एक समय खाना खाकर, अपने दैनिक क्रियाकलापों को भूलाकर, अपने जीवन का बेशकीमती समय देकर पूरा किया है। इसके अलावा मेरे गुरुवर एवं कुछ साथी हमेशा इस पुस्तक के लेखन में मेरे लिए सहायक और प्रेरणादायक बने रहे। खास तौर पर इस पुस्तक की अशुद्धियों को दूर करने के लिए शोधार्थी ज्योति ने अमूल्य योगदान दिया है। मैं उनकी पुन: प्रशंसा करता हूं। बावजूद इसके यदि आप पाठकों को इस पुस्तक के किसी भी शब्द/अंश/वाक्य/पैरा/तथ्य में कोई त्रुटि नजर आए तो सभी पाठकों, विद्वानों या आलोचकों के सुझाव/प्रश्न/टिप्पणी/आलोचना अथवा संदेश सहर्ष आमंत्रित है।

पत्र भेजने का पता:-

गांव- फतेहपुर चक, जिला- बागपत, उत्तर प्रदेश,

पिन कोड- 250623.

ई मेल:-

- sameersameer091@gmail.com
- sameer.ccsu@gmail.com

श्री समीर।

# आमुख

जिस को स्वयं पर विश्वास होता है,
वह कुछ भी कर सकता है।

श्री समीर।

# आर्थिक सहायता अथवा अनुदान

कार्ल मार्क्स सहित दुनिया के तमाम बड़े विद्वानों ने आर्थिक संपन्नता को विकास के लिए एक आवश्यक तत्व माना है। बिना सुदृढ़ आर्थिक तंत्र के कोई भी देश, राज्य, समाज, धर्म, संस्कृति, संगठन, कंपनी, परिवार अथवा व्यक्ति बर्बाद हो जाता है। एक कहावत है, कि जिसके पास पर्याप्त पैसा होता है उसके पास बुद्धि नहीं होती और जिसके पास बुद्धि होती है, उसके पास पर्याप्त पैसा नहीं होता। पूराने समय के आधिकांश लेखकों ने किसी न किसी राजा के संरक्षण में रहकर ही अपना लेखन कार्य किया है। शायद इसी कारण प्राचीन लेखकों ने एक हद तक उन राजाओं की जरूरत से अधिक प्रशंसा की थी। इससे इतिहास से सत्य तो लगभग मिट ही जाता था। ऐसे कार्यों की पुरावृत्ति से बचने के लिए समाज में स्वतंत्र लेखकों व चिंतकों का रहना अति आवश्यक है, ताकि वे अपनी लेखनी के माध्यम से झूठ को चुनौती दे सकें तथा अपने स्वतंत्र लेखन के द्वारा विश्व के समस्त लोगों को जागरूक करने का प्रयास कर सकें। अतः आप सभी पाठकों/शुभचिंतकों/मानवतावादियों से मेरा आग्रह है, कि अपनी क्षमतानुसार आर्थिक सहायता अथवा अनुदान देकर मुझे और मेरी कलम को अन्याय से लड़ने की शक्ति प्रदान करें। क्या पता आपके छोटे से सहयोग के कारण समाज के सब से वंचित, पीड़ित, शोषित, परेशान अथवा हसिएं पर खड़े अंतिम व्यक्ति की आवाज उठ सके?

UPI ID:-

- UPI ID :- 9458091929@ybl
- UPI ID :- 9458091929@paytm

BANK DETAILS:-

- **Bank Name. - Paytm Payments Bank**
- **Name - SAMEER**

- Account No. - 919458091929
- IFSC Code - PYTM0123456
- Branch- Noida

  PayPal Account Details:-

- E- Mail Id- sameersameer091@gmail.com

श्री समीर।

# 1

# रो यूथ कैंप का प्रारंभिक विचार

**ऑरो यूथ कैंप का प्रारंभिक विचार**

वर्ष 2019 में मैंने ऑरो यूथ कैंप में जाने का मन बना लिया था। लेकिन मेरे हापुड़ शैक्षणिक प्रवास के कारण मैं वहां नहीं जा पाया। उस कैंप में मेरे सहपाठी विनय और सीनियर शोधार्थी अंशु (उत्तर प्रदेश में प्रशिक्षु डिप्टी जेलर) हमारे कॉलेज से गए थे। तब से ही मैं प्रतीक्षा में था, कि कब मुझे दूसरे कैंप में जाने का सौभाग्य प्राप्त होगा। बीच में कोरोना की वजह से भारत समेत संपूर्ण विश्व के तमाम देश लॉकडाउन के चलते बंद थे। देशों में अधिकतर गतिविधियां भी बंद थी। सरकार द्वारा सभी प्रकार के काम घर बैठकर ऑनलाइन करने की सलाह दी जा रही थी। इसलिए भौतिक कैंप का आयोजन भी नहीं हुआ था। लेकिन स्थिति के सामान्य होते ही सरकार द्वारा कुछ शैक्षणिक कार्यक्रम ऑफलाइन मॉड में शुरू कर दिए गए। इसी क्रम में मेरी प्री. पीएच.डी. की क्लास 5 अक्टूबर 2021 से शुरू हुई। यह प्री पीएचडी कोर्स पूरे 6 महीने तक चलना है। प्री पीएचडी कोर्स के लगभग 3 महीने पूरे होने के पश्चात मेरे उस प्रतीक्षित सपने के पूरा होने का समय आ गया था, जिसका इंतजार मैं बड़ी बेसब्री से कर रहा था। वह था, ऑरो यूथ कैंप में जाना क्योंकि मैं था, सत्य की तलाश मे...

हापुड़ शैक्षणिक प्रवास के दौरान की छवि

# 2

# मेरी दिल्ली और बड़ौत की यात्रा

**मेरी दिल्ली और बड़ौत की यात्रा**

20 दिसंबर 2021 को मुझे चौधरी चरण सिंह विश्वविद्यालय मेरठ के इतिहास विभागाध्यक्ष डॉ विघ्नेश कुमार सर के साथ दिल्ली के राष्ट्रीय संग्रहालय संस्थान में जाने का सौभाग्य प्राप्त हुआ। दोपहर में हम वहां से वापस मेरठ के लिए चल दिए। मैं शाम को डॉक्टर भीमराव अंबेडकर (बॉयज) हॉस्टल में पहुंचा। उसके पश्चात 21 तारीख की सुबह मैं बड़ौत के दिगंबर जैन डिग्री कॉलेज के लिए हॉस्टल से चल दिया। मैं लगभग 10:30 तक कॉलेज पहुंचा। वहां पर मुझे एम. ए. की आंतरिक परीक्षा में पर्यवेक्षक बनने का सौभाग्य प्राप्त हुआ। मेरा सहपाठी विनय भी कॉलेज में आया हुआ था। विद्यार्थियों का पेपर होने के बाद विनय अपने मित्र (एक विद्यार्थी) के साथ वहां से चला गया। तत्पश्चात हम लोग इतिहास विभाग में बैठ गए। कुछ देर बाद शोधार्थी ज्योति भी वहां आ गई। मैं और ज्योति प्रज्ञान सर और शौकेन्द्र सर को अपनी सिनॉप्सिस और रिसर्च कार्य की जानकारी दे रहे थे। इसी दौरान मेरे फोन पर राहुल की कॉल आई और मैंने उसे इतिहास विभाग में ही आने को कह दिया। कुछ देर बाद राहुल भी वहां आ गया। मैंने राहुल का दोनों गुरुजनों से सामान्य परिचय करा दिया। प्रज्ञान सर ने सभी लोगों के

लिए चाय, नमकीन और बिस्किट मंगवाए। शायद आज बहुत दिनों बाद ऐसा हुआ था, कि सर ने हमारे लिए समोसे नहीं मंगवाए, क्योंकि आज जयप्रकाश जी छुट्टी पर थे। सर ने अपने खाने में से सभी को थोड़ा थोड़ा खाना दिया। सर ने मुझे 22 तारीख को सुबह आने के लिए कहा। अब मैंने मेरठ न जाकर अपने गांव फतेहपुर चक चलने की सोची। कुछ देर बाद मैं और राहुल सर से परमिशन लेकर वहां से चले गए।

राष्ट्रीय संग्रहालय संस्थान की छवि

# 3

# मेरी गांव की यात्रा

**मेरी गांव की यात्रा**

राहुल ने अपने घर के लिए बड़ौत की किताब वाली गली के पास से एक किलो अमरूद खरीदें। हम दोनों बड़ौत बस स्टैंड तक पैदल ही गए। वहां से हम लोगों ने किशनपुर बिराल के लिए बस पकड़ी। फिर मेरे आग्रह पर हम दोनों आसिफ से मिलने उसकी शॉप "एम० एस० स्पोर्ट्स वियर" पर पहुंच गए। मैंने आसिफ से कहा कि आज तुम अपने गांव मलकपुर ना जाकर हमारे गांव में ही आ जाना। अगली सुबह दोनों एक साथ किशनपुर बिराल तक आएंगे। मैं बिराल से कॉलेज चला जाऊंगा और वहां से शाम को मेरठ। उसने कहा कि मैं कोशिश करता हूं। उसके पश्चात मैं और राहुल दुकान से नीचे उतर कर मेन मार्केट आ गए। वहां से राहुल ने घर के लिए मूंगफली खरीदी। इसके बाद हम दोनों डी० ए० वी० इंटर कॉलेज के सामने (रोड़ के दूसरी ओर) खड़ी रिक्शा तक पहुंचे। मैंने रिक्शा वाले से चलने के लिए पूछा, लेकिन राहुल के आग्रह पर हम दोनों किशनपुर बिराल से फतेहपुर चक के लिए पैदल ही चल दिए। किशनपुर बिराल की रेलवे फाटक पार करते ही एक नवयुवक ने पीछे से अपनी मोटर बाइक रोकी और हमें हमारे गांव के रास्ते तक लिफ्ट दी। हम दोनों उस नवयुवक की बाइक पर बैठकर हमारे गांव की ओर जाने वाले रास्ते *(ईंट भट्टे के पास)* पर उतर गए। गांव में प्रवेश करते ही हम दोनों ने एक एक सेल्फी ली। फिर उसके बाद हम दोनों अपने अपने घर

चले गए।

शाम के समय मैं और राहुल बाहर घूमने गए। घूमते हुए हम लोग खेतों के बीच वाले रास्ते से होते हुए रेल की पटरी पर पहुंच गए। सुनसान पटरी पर हमें झारखंड के दो कम उम्र के बच्चे (नौकर) दिखे। वे दोनों परेशान से लग रहे थे। फिर उनसे मैंने और राहुल ने पूछा कि क्या हुआ? उन्होंने कहा कुछ नहीं और दौड़ते हुए वे **बूढ़पुर** की ओर चले गए। इसके बाद हमनें वहां पर सेल्फी ली। सेल्फी लेने के बाद हम दोनों बात करते हुए **बूढ़पुर रेलवे स्टेशन** की ओर चल दिए। पैदल ही घूमते घूमते हम शाम तक गांव वापस आ गए।

रेल की पटरी पर सैल्फी

**ऑरो यूथ कैंप की जानकारी व गांव की मूलभूत समस्याएं**

गौरव के घर के पास गौरव, रोकी, रोबिन और **मनीष** खड़े थे। उन लोगों (विशेषतः मनीष और रोबिन ने) ने वहां पर आग जलाई। फिर

मैं आग में सेंकने लगा और राहुल अपने घर चला गया। फिर कुछ देर बाद मैंने गौरव के पास खाना खाया। खाना खाकर मैंने रॉकी से अपने फोन के लिए चार्जर मांगा, क्योंकि मैं अपना चार्जर हॉस्टल से नहीं लाया था। उसने मुझे अपने फोन का चार्जर सौंप दिया। इसके बाद मैं रॉकी का चार्जर लेकर अपने घर चला गया। घर जाकर मैं **रुपेश** और **सुमित** से मिला। रुपेश के जाने के बाद मैं ऊपर छत पर चला गया। इसी समय मेरे पास मेरे दोनों सर का मैसेज आया कि 22 दिसंबर 2021 से 3 जनवरी 2022 तक कॉलेज की छुट्टी रहेगी। अब मैं समझ चुका था, कि अब मुझे सीधे मेरठ यूनिवर्सिटी में ही जाना है। मेरे पास सुबह मेरठ जाने के दो विकल्प थे; पहला विकल्प छपरौली से मेरठ जाने वाली रोडवेज बस और दूसरा विकल्प छपरौली से चलकर मेरठ जाने वाली इको गाड़ी। यह इको गाड़ी उत्तर प्रदेश पुलिस के नवनियुक्त जवानों को मेरठ ट्रेनिंग में ले जाती थी। जिसमें मेरा मित्र सनी भी जाता था। इसलिए मैंने सनी के पास कॉल की और उससे पूछा कि क्या तुम्हारी गाडी में एक अतिरिक्त व्यक्ति की जगह है? उसने ड्राइवर के पास फोन करके पता किया और थोड़ी देर बाद मुझे कॉल की और कहा कि ठीक है, तुम सुबह हमारे साथ चलना। अब मैं आश्वस्त हो चुका था। कुछ देर बाद मेरे पास आसिफ की कॉल आई और उसने मुझे घर पर बुलाया। इसी बीच **आदेश** ने मुझे कुछ गुलाबजामुन खाने के लिए दी। फिर कुछ देर बाद मैं आसिफ के पास चला गया। वहां पर हम लोगों ने दो शादियों की वीडियो देखी। इसके बाद **साहिल** ने हमें एलईडी पर हॉटस्पॉट कनेक्ट करके यूट्यूब चला कर दिखाई। अंत में हम लोगों ने एलईडी बंद कर दी और शेयर **मार्केट** की बातें करने लगे। हम दोनों एक ही रजाई में घुसे हुए थे। लगभग 9:00 बजे मेरे पास प्रज्ञान सर की कॉल आई और सर ने मुझे 25 से 27 दिसंबर 2021 तक आयोजित होने वाले "**ऑरो यूथ कैंप**" की तत्काल जानकारी दी। इस कैंप का मुझे काफी दिनों से इंतजार था। पूरे 2 वर्ष बाद यह अवसर मेरे सामने आया था। इसलिए यह मेरी अंतहीन उदासी को कुछ समय के लिए कम करने का एक अच्छा विकल्प होने वाला था। मैं तुरंत आंतरिक खुशी से भर गया और मैंने सर से कहा कि मैं कैंप में जाऊंगा। फिर सर ने मुझे बताया कि कैंप की फीस 1800 रुपए हैं, तुम इसकी

चिंता मत करना तुम्हारी फीस मैं पे कर दूंगा और तुम आराम से 24 तारीख को आश्रम में पहुंच जाना। इसके बाद सर ने मुझे उस आश्रम के बारे में बताया कि वहां पर बहुत शांति और ठंड है। इसलिए तुम अपने बचाव के लिए सर्दी के पर्याप्त कपड़े ले जाना। सर ने बताया कि वहां पर विदेशी पर्यटक ध्यान और आध्यात्मिक ज्ञान के लिए आते जाते रहते हैं। इससे मेरा उत्साह और भी बढ़ गया। उसके बाद सर ने फोन काट दिया। कुछ देर बाद मैं अपने घर चला गया।

# 4

# गांव से मेरठ वापसी की यात्रा

**गांव से मेरठ वापसी की यात्रा**

फिर मैंने घर जाकर हॉस्टल के लिए कुछ कपड़े और कुछ किताबें बैग में रख लिए। अब मेरे फोन की बैटरी बिल्कुल समाप्त होने वाली थी। मैंने रॉकी के चार्जर से अपना मोबाइल कनेक्ट किया, लेकिन रॉकी का चार्जर मेरे फोन में कनेक्ट नहीं हुआ। मैंने चार्जर को एक तरफ रखा और मैं सो गया। सुबह जब मैं सोकर उठा तब लाइट चली गई थी और मेरा मोबाइल भी स्विच ऑफ हो चुका था। मुझे समय का भी नहीं पता था। घर में पूर्ण रूप से अंधेरा था। मैं तुरंत हड़बड़ा कर उठा और तेजी से आसिफ के पास गया और उसका मोबाइल लेकर आया। उसके मोबाइल की टॉर्च जला कर मैंने अपने सामान को बैग में रखकर घर में ताला लगाया और उसका मोबाइल उसे देने के बाद, मैं सीधा सनी के पास उसके घर चला गया। हम दोनों ने वहीं सुबह का नाश्ता किया। फिर हम दोनों साथ ही गाडी के लिए घर से चल दिए। हम दोनों गाडी का इंतजार करने के लिए उसी जगह ईंट भट्टे के पास आकर खड़े हो गए जहां पिछली शाम मैं और राहुल उस अनजान युवक की बाइक से उतरे थे। कुछ देर बाद गाडी आ गई। गाडी अपनी क्षमता के अनुसार भरी हुई थी। मेरे आ जाने से पिछली सीट पर बैठने वाले लोगों को मेरठ तक थोड़ी बहुत परेशानी हुई। गाडी

से मैं हापुड़ अड्डे पर उतर गया और वहां से मैंने ई-रिक्शा पकड़ी जिसने मुझे तेज गढ़ी चौक पर उतार दिया। वहां से मैं पैदल अपने हॉस्टल चला गया। यूनिवर्सिटी में पहुंचने के बाद मैंने देखा कि यूनिवर्सिटी में दीक्षांत समरोह की तैयारी चल रही है। लेकिन मैंने हॉस्टल जाकर थोड़ा आराम किया और कैंप में जाने की तैयारी शुरू कर दी। 22 तारीख की शाम को दो ऑनलाइन मीटिंग होनी थी। एक मीटिंग **प्रतिभा गाइडेंस** की थी तथा दूसरी मीटिंग ऑरो यूथ कैंप के प्रतिभागियों की। पहले ऑरो यूथ कैंप के प्रतिभागियों की मीटिंग जूम पर हुई, जिसमें सभी प्रतिभागियों को यह बताया गया कि सुबह क्या-क्या सामान लेकर आना है और क्या क्या सावधानी बरतनी है। वैसे जरूरी सामान की लिस्ट कैंप वाले व्हाट्सएप के ग्रुप में भेज दी गई थी, जिसके आधार पर मैंने एक पेज पर सामान लिख लिया था। उसके बाद मैंने गूगल मीट पर प्रतिभा गाइडेंस वाली मीटिंग ज्वाइन की। इस मीटिंग में प्रज्ञान सर एवं कुछ अन्य प्रोफेसर उपस्थित थे। मीटिंग के अंत में प्रज्ञान सर ने श्री **कुलदीप उज्जवल** जी से मेरा परिचय करवाया। उन्होंने मुझे जीवन में सफल होने का आशीर्वाद प्रदान किया। इसके बाद प्रज्ञान सर ने ज्योति और विनय से भी मीटिंग के अनुभव के बारे में बात की। उसके पश्चात सर के द्वारा मीटिंग को समाप्त कर दिया गया। मीटिंग समाप्त होते ही मैं तुरंत मैस में खाना खाने के लिए चला गया और रूम में आकर मैंने अपनी तैयारी की। अंत में मैं गहरी नींद में सो गया।

# 5

# ऑरो यूथ कैंप की तैयारी और रोवैली आश्रम पर रिसर्च

ऑरो यूथ कैंप की तैयारी और ऑरोवैली आश्रम पर रिसर्च

23 तारीख को मैं अपने अध्ययन एवं शोध कार्य के उपरांत कैम्प की तैयारी पूर्ण कर चुका था। इसके बाद शाम को मैंने ऑरोवली आश्रम की बहुत सी वीडियो युट्युब पर देखनी शुरू कर दी। मैंने यूट्यूब पर विदेशी लोगों के अनुभव की कुछ वीडियो देखी। दरअसल वहां पर दुनिया के लगभग 40 देशों के लोग आते जाते रहते हैं। मैं यह जानकारी प्रज्ञान सर से पहले भी प्राप्त कर चुका था।

मैं हॉस्टल से मेरठ बस स्टैंड के लिए निकला

अगले दिन 24 तारीख की सुबह मैं हॉस्टल से निकलकर तेजगढ़ी चौराहे पर पहुंचा। वहां से मैंने बस स्टैंड के लिए रिक्शा पकड़ी। रिक्शा वाले ने मुझे बस स्टैंड पर पहुंचा दिया। रिक्शा से उतरते ही मुझे ऋषिकेश वाली एक बस मिल गई (बस का कंडक्टर जोर-जोर से ऋषिकेश की आवाज लगा रहा था)। मैं उस बस में बैठ गया और बैठते ही मैंने एक सेल्फी ली और वह प्रज्ञान सर के पास भेज दी।

मेरठ बस में बैठते वक्त की सैल्फी

# 6

# मेरठ से रायवाला तक बस की यात्रा

**मेरठ से रायवाला तक बस की यात्रा**

इसके बाद बस का सफर शुरू हुआ। मैं बस की दाईं तरफ़ वाली सीट पर बैठा था। बस ने मेरठ से निकलकर मुजफ्फरनगर के अंदर से सीधे उत्तराखंड में प्रवेश किया। उत्तराखंड में प्रवेश के बाद ड्राइवर ने गाड़ी को एक जगह रोक दिया। वहां पर यात्रियों के कोरोना टेस्ट हो रहे थे, उसके कुछ देर बाद गाड़ी आगे की ओर चली। रुड़की में एंट्री होते ही मैंने 1803 में निर्मित बहुत प्राचीन कानपुर द्वार देखा। उसके बाद हरिद्वार में बस की एंट्री हुई और मैंने पतंजलि योगपीठ, पतंजलि रिसर्च सेंटर और गुरुकुल कांगड़ी विश्वविद्यालय को देखा। कुछ देर बाद बस हरिद्वार बस स्टैंड पर पहुंच गई और लगभग सभी यात्री उतर गए थे। इसके बाद कुछ समय तक बस वहीं स्टैंड पर खड़ी कर दी गई। थोड़ी देर बाद हरिद्वार से बस ऋषिकेश के लिए निकल चुकी थी। अब मैंने रास्ते में संस्कृति देव यूनिवर्सिटी को देखा। मुझे गंगा नदी और पर्वतों को देखने का सौभाग्य कई वर्षों बाद प्राप्त हुआ। बस का सफर बड़ा रोचक लग रहा था, तथा मैं बड़ी खुशी के साथ अपना सफर तय कर रहा था। अब मैंने अपने मोबाइल में गूगल मैप को ऑन किया तथा रायवाला की लोकेशन को ट्रैक करना शुरू कर दिया तथा रायवाला से 2 किलोमीटर पहले अपने

मोबाइल को अपनी पॉकेट में रख लिया। अब मैं बस से उतरने के लिए तैयार था। कुछ ही सेकंड के बाद बस रायवाला पहुंच गई और मैं राय वाला की जमीन पर अपना कदम रख चुका था।

**रायवाला से ऑरोवैली आश्रम तक की यात्रा**

रायवाला में बस से मेरे साथ एक व्यक्ति और उतरा था। उसे भी शायद आश्रम की ओर जाना था। उसने मुझे कहा कि मैं भी आश्रम की ओर जाऊंगा, तुम मेरे साथ ही चलना, मैंने कहा ठीक है। रोड़ क्रॉस करने के बाद वह व्यक्ति अपने जूतों पर पॉलिश करवाने लगा। मुझे विजय जी ने कहा था, कि आश्रम के लिए रिक्शा रेलवे फाटक के दूसरी ओर मिलेगी। लेकिन मैं उस आदमी की बातें मानकर अपना कुछ समय बर्बाद कर चुका था। कुछ देर उस अनजान व्यक्ति के पास खड़े रहने के पश्चात मुझे अपनी गलती का ऐहसास हुआ और मैं अंदर शहर की ओर चल दिया और फाटक से आगे (आर्मी कैम्प के गेट के सामने) कुछ रिक्शा खड़ी थी। मैंने एक रिक्शा वाले को बताया कि मुझे ऑरो वैली आश्रम जाना है। उन्होंने जाने के लिए मुझे हां कह दिया और मैं रिक्शा में बैठ गया। रिक्शा लगभग 3 किलोमीटर तक चली। मैं शाम के लगभग 5:00 बजे आश्रम के सामने रिक्शा से उतरा।

# 7

# रोवैली आश्रम में प्रवेश और कैंप के सभी प्रतिभागियों से पहली मुलाकात

ऑरोवैली आश्रम में प्रवेश और कैंप के सभी प्रतिभागियों से पहली मुलाकात

आश्रम के गेट के बाहर मैंने अपनी एक सेल्फी ली। इसके बाद गार्ड ने दरवाजा खोला और मुझे पूछा कि कहां जाना है? मैंने उन्हें बताया कि मैं कीर्ति सरकार जी के कैंप में आया हूं (प्रज्ञान सपने मुझे ऐसा ही बताने के लिए कहा था)। मैंने उनको बोला कि मुझे एंट्री करने के लिए रिसेप्शन पर जाना है (क्योंकि प्रज्ञान सर ने मुझे बताया था कि रिसेप्शन पर जाकर अपनी एंट्री करवा देना)। लेकिन उन्होंने बताया कि रिसेप्शन पर कोई नहीं है। तुम सीधे विश्व मंदिर चले जाओ। मैंने वहां पर जाते समय बीच रास्ते में दो सेल्फी ली। वहां का वातावरण बहुत ही मनमोहक था। वहां पेड़-पौधों की बिल्कुल भी कमी नहीं थी, चारों तरफ हरियाली ही हरियाली थी। कुछ महिलाएं वहां सफाई का कार्य कर

रही थी। कुछ मिनट में मैं विश्व मंदिर पहुंच गया। वह दिखने में काफी सुंदर था। गेट के अंदर खड़ा होकर मैंने विजय जी के पास कॉल की, तो उन्होंने कॉल उठाते ही पूछा कि आप कहां हो? मैंने कहा कि मैं अंदर खड़ा हूं। उन्होंने मुझे देख लिया और अन्दर बुलाया। मैंने देखा कि वहां पर सभी प्रतिभागी आसन पर बैठे थे और सेशन चल चुका था। मैंने जाते ही कीर्ति मैडम को झुककर नमस्ते की। मैडम ने विजय जी से कहा कि समीर तुम्हारे साथ ही रहेगा। तुम समीर का सामान कमरे में रखवा दो। हमारे कमरे का नंबर 732 था। हमारे कमरे के गेट पर अंग्रेजी में होप लिखा हुआ था, इसका मतलब होता है आशा (दादी जी का नाम भी आशा है, इसलिए मुझे ऐसा एहसास हो रहा था कि वहां पर भी दादी जी उपस्थित है) । सामान रखते ही मैं तुरंत सेशन में आकर बैठ गया। वहां पर सभी प्रतिभागी बैठे थे। वर्षा जी सभी लोगों को निर्देश दे रही थी। कीर्ति मैम और अन्ना सर थोड़ी ही दूर कुर्सी पर बैठे थे। मुझसे पहले सभी प्रतिभागियों को आश्रम के परिसर में घुमाया गया था और सभी को परिसर की दो चीजें चुनने के लिए कहा था। उन दोनों चीजों को चुनने के पीछे के मूल कारण को उन प्रतिभागियों को बताना था। मैं वहां पर बैठकर उन लोगों के क्रियाकलाप देख रहा था। वर्षा सभी प्रतिभागियों से उन दोनों चीजों को चुनने का कारण पूछ रही थी। उन्होंने प्रश्न किया कि ऐसा कौन है? जिसने अभी तक दोनों चीजों के नाम नहीं बताए वह अपना हाथ उठाएं। इस बार मैंने भी अपना हाथ उठाया। क्योंकि मैं प्रतियोगिता को समझ चुका था। फिर कीर्ति मैम ने वर्षा को कहा कि शायद समीर खेल को समझ चुका है। आप समीर का उत्तर भी ले सकती हैं। वर्षा ने पहले अन्य लोगों से पूछा फिर अंत में मुझसे पूछा। मेरा उत्तर तो बिल्कुल साफ था। मैंने उन्हें बताया कि मैं श्रीअरविंद और श्रीमां को चुनूंगा। क्योंकि इन दोनों के अंदर संपूर्ण प्रकृति समाहित है (श्री अरविंद एवं श्री मां का दर्शन इतना व्यापक है, कि इन्होंने जीवन के लगभग प्रत्येक पहलू को अपने दर्शन में समाहित किया हुआ है) । मेरे चुप होते ही कीर्ति मैम ने कहा कि हम आप लोगों को यही सिखाना चाहते हैं, क्योंकि यही आपकी अंतिम मंजिल होनी है। मैं समझ चुका था, कि वह क्या कहना चाहती थी। मेरे बोलने के तुरंत बाद वर्षा जी ने प्रतियोगिता का समापन

करने की घोषणा कर दी। वर्षा जी ने कहा कि यह सेशन बहुत अच्छा रहा क्योंकि प्रकृति से शुरु होकर सेशन का समापन श्री अरविंद पर हुआ। समापन के बाद सभी लोग अपने-अपने कमरे में चले गए।

आश्रम के गेट के बाहर की सैल्फी

कैंप के सभी प्रतिभागी

## मेडिटेशन हॉल में सभी ने ध्यान लगाया

शाम 6:00 बजे हम ध्यान करने के लिए मेडिटेशन हॉल में पहुंचे। वहां पर मेडिटेशन हॉल के बीच में एक गोल हरे रंग की बॉल रखी थी। उसके नीचे एक दीया या मोमबत्ती जल रही थी। श्री अरविंद व श्री मां की तस्वीर मेडिटेशन हॉल में लगे हुई थी। वहां सभी प्रतिभागी गए और किसी ने भी आवाज नहीं की। वहां पर पहले से ही कई आसन बिछे हुए थे। सभी प्रतिभागी एक-एक आसन पर बैठ गए। मैं श्री अरविंद की तस्वीर के पास बैठ गया। बाकी सभी प्रतिभागी भी अपने अपने आसन पर बैठ गए। लगभग एक घंटे के बाद सभी प्रतिभागी डिनर के लिए चले गए। लेकिन मैं ध्यान (मेरे दिमाग में अन्य विचार भी चल रहे थे) में इतना मग्न था, कि मुझे पता ही नहीं चला कि कौन-कौन जा चुका है। फिर वर्षा जी मुझे बुलाने के लिए आई। जब वर्षा ने मेरे कंधे पर हाथ लगाया और मेरी आंख खुली तो मैंने देखा कि मेरे अलावा मेडिटेशन हॉल में कोई भी नहीं बैठा था। उन्होंने धीरे से मुझे कहा कि डिनर का वक्त हो

चुका है, आप भी आ जाओ डिनर कर लो।

मेडिटेशन हॉल के बीच में रखी हरे रंग की बॉल

## आश्रम में पहला डिनर

फिर मैं भी डिनर के लिए चला गया (जब मैं मेडिटेशन हॉल से बाहर निकला तो वहां पर सिर्फ मेरे जूते रखे थे। शायद इसी से वर्षा ने अंदाजा लगाया होगा कि अंदर कोई है)। सभी प्रतिभागियों ने डिनर हॉल के बाहर अपने जूते और चप्पल निकाल दिए। हाथ धोने के पश्चात हम लोग अंदर गए और हम लोगों ने एक-एक थाली, चम्मच और गिलास लिया। डिनर में रोटी, चावल, दाल, हरी सब्जियां, दूध और दही मौजूद थीं। खाने की क्वालिटी बहुत ही अच्छी थी (विशेषत: भारतीय शाकाहारी लोगों के लिए)। उसके बाद जब मैं डाइनिंग टेबल पर बैठकर खाना खा रहा था। तब मुझे वहां की दीवारों को देखने का एक अवसर मिला। मैं डाइनिंग हॉल की दीवारों को पूरे ध्यान से देख रहा था। डाइनिंग हॉल के अंदर श्री मां की एक श्वेत मूर्ति रखी हुई थी। दीवारों पर श्री अरविंद एवं श्री मां की तस्वीर भी लगी हुई थी। इसके साथ-साथ एक धर्म विशेष से

संबंधित बाबाओं के कुछ फोटो भी दीवार पर लगे हुए थे। वे बाबा एक रंग विशेष के वस्त्र पहनकर गंगा नदी में स्नान कर रहे थे। मैं उन चित्रों को देखकर आश्चर्य में पड़ गया (क्योंकि मैं किसी भी धर्म विशेष का समर्थन नहीं करता हूं। वहां पर किसी धर्म विशेष के चित्रों का मिलना मेरी मानसिक बेचैनी का कारण बन गया) । चूंकि अध्यात्म और धर्म दोनों अलग चीजें हैं। मैं स्वयं भी अध्यात्म में इसीलिए विश्वास करता हूं, क्योंकि वह प्रत्येक धर्म से बिल्कुल अलग है। अगर अध्यात्म भी किसी धर्म विशेष से संबंधित हो तो मैं अध्यात्म से भी मूंह फेर लूंगा) । मैं खुद किसी भी धर्म का पूर्ण रुप से समर्थन या विरोध नहीं करता (मेरी नसों में खून के साथ ऐतिहासिक सत्य मिक्स हो चुका है) । डिनर करने के पश्चात सभी प्रतिभागी अपने-अपने रूम में आ गए। व्हाट्सएप के ग्रुप में हमारे अगले दिन का शेड्यूल भी आ चुका था।

# 8

# 25 तारीख़ का दिन

## सुबह की योगा और एक्सरसाइज

25 तारीख की सुबह कीर्ति मैम ने अपनी सारेगामा वाली रेडियो पर एक बहुत अच्छा संगीत बजा दिया, ताकि सभी प्रतिभागी संगीत की आवाज़ सुनकर समय से सोकर उठ जाए। मैं जल्दी ही उठ गया था, लेकिन सर्दी के कारण कंबल से बाहर नहीं निकला। कोई प्रतिभागी मेरे रूम के बाहर रेडियो लेकर कुछ देर तक खड़ा रहा। बार-बार संगीत की आवाज सुनकर मैं तुरंत रूम से निकल आया। उसके बाद हम लोगों ने 7:00 बजे से 7:30 बजे तक योगा और फिजिकल एक्सरसाइज की। विजय जी योग करा रहे थे और सुशील जी फिजिकल एक्सरसाइज करा रहे थे। सुबह सभी प्रतिभागियों ने वृताकार ग्राउंड के कई चक्कर लगवाए। मैं प्रत्येक चक्कर में वहां पर स्थापित श्री अरविंद की प्रतिमा को बार-बार देख रहा था। इसके पश्चात 8:00 बजे तक सभी प्रतिभागियों को तैयार होना था। फिर 8:00 बजे हम लोगों को ब्रेकफास्ट करने के लिए जाना था। ब्रेकफास्ट करने के बाद 9:00 बजे अगला सेशन होना था। हम सभी लोगों को योगा हॉल में पहुंचना था।

इस छवि में विजय जी योग करा रहें हैं

## सुबह का पहला सेशन

मैं 9:00 बजे से ठीक 5 या 10 मिनट पहले योगा हॉल में पहुंच गया। उस समय वहां पर कीर्ति मैम एवं एक अन्य व्यक्ति उपस्थित थे। कोई भी प्रतिभागी तब तक नहीं पहुंचा था। फिर थोड़ी देर बाद धीरे-धीरे सभी लोग आने लगे। कुछ लोग समय से लेट भी आए। कीर्ति मैम ने आगे से सभी लोगों को समय पर आने की बात कही। कीर्ति मैम ने सभी प्रतिभागियों को अपना संक्षिप्त परिचय देने एवं कोरोना कॉल के एक पॉजिटिव और एक नेगेटिव अनुभव को साझा करने के लिए एक-एक करके सभी लोगों को मंच पर निमंत्रित किया। मंच पर अधिकतर प्रतिभागियों ने अपना सूक्ष्म परिचय देकर कोरोना काल के अपने नेगेटिव और पॉजिटिव एक्सपीरियंस को साझा किया। सभी लोगों के परिचय होने के बाद सभी से मस्तिष्क में उत्पन्न किसी भी सवाल को पूछने के लिए बोला गया। सभी प्रतिभागी एक दूसरे के सवालों का जवाब भी दे सकते थे। मैंने भी कुछ सवालों के जवाब दिए। बाकी कीर्ति मैम सभी के सवालों का जवाब दे रही थी। उसके बाद सभी लोगों को कीर्ति मैम ने जीवन में अच्छा इंसान बनने के गुण बताए। इसके बाद सभी लोगों को एक नोटबुक के साथ एक किट प्रदान की गई (इस किट में *एक नोटबुक, एक स्केल, छ: रंगों के पैन, एक कच्ची पेंसिल, एक रबड़ और एक कटर था*) । इसके साथ एक कागज का रिबन भी दिया

गया था। वह प्रत्येक प्रतिभागी को एक दूसरे की कलाई पर बांधना था, ताकि वे दोनों मित्र बन जाए। मैंने अपना रिबन कीर्ति मैम को ही बांधा था और उन्होंने अपना रिबन मुझे। फिर मैम ने सभी प्रतिभागियों को थोड़ा से लेखन कार्य हेतु इस सेशन में एक प्रश्नपत्र नुमा कागज दिया गया। उस पर कुछ निर्देश एवं प्रश्न लिखे थे। सभी प्रतिभागियों को उन प्रश्नों के उत्तर नोटबुक में लिखने थे। सभी लोगों को कुछ समय दिया गया और कहा गया कि सभी लोग अलग-अलग बैठकर अपने उत्तर पूर्ण इमानदारी के साथ लिखें। मैं प्रश्न पत्र एवं अपनी किट लेकर योगा हॉल से दूर मेडिटेशन हॉल के पीछे जाकर अकेला बैठ गया। क्योंकि वहां पर पूर्ण एकांत था और सूर्य की धूप सीधी लग रही थी। मैं उन प्रश्नों का उत्तर लिखने में इतना मग्न था, कि जब तक मैं योगा होल में पंहुचा तब तक अगला लैक्चर (अर्चना मैम का लैक्चर) शुरू हो चुका था।

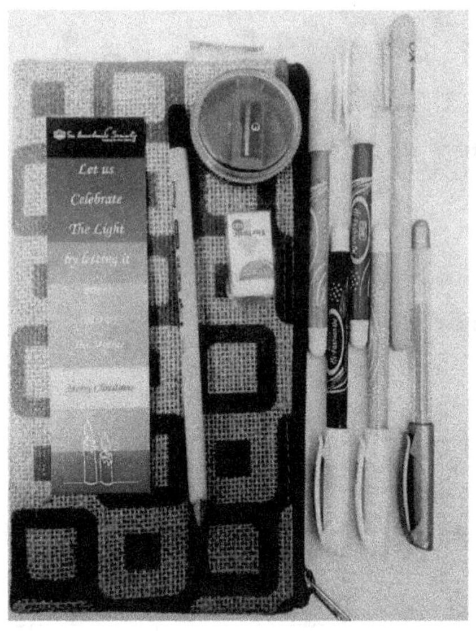

किट की छवि

मैं उस प्रश्न पत्र पर लिखी सभी बातों के साथ अपने द्वारा लिखे गए उत्तरों को लिख रहा हूं: -

*"मैं अपने को जानने के प्रयास में कितना गंभीर हूं और इसके लिए कितनी मेहनत करने को तैयार हूं?*
*अगर उत्तर हां है, तो मैं ये प्रयत्न करना चाहता हूं, कि:-"*

भूमिका:-

वास्तव में मैं इस विषय पर कभी-कभी गंभीर चिंतन किया करता हूं, तथा समस्त भौतिक जगत के तत्वों से अलग अपनी एक रहस्यमई दुनिया (आध्यात्मिक दुनिया) बसा लेता हूं। इस कार्य के परिणाम भौतिक जगत प्रेमियों से भिन्न आते हैं, तथा मैं सर्वथा अपने को अधिकांश लोगों से भिन्न पाता हूं, तथा खुद से संतुष्ट भी हूं।

*"क्या मैं प्रतिदिन कम से कम 20 मिनट का समय इस काम के लिए व्यतीत करुंगा?*
*तत्काल 25 दिसंबर 2021 को मेरे द्वारा लिखित उत्तर:-"*

निश्चित तौर पर मैं ऐसा करूंगा, क्योंकि इसी कार्य के माध्यम से मैं अपने को जानकर खुद को दिव्य शक्ति के सामने समर्पित कर पाऊंगा, जो मुझे अपनाकर मेरा जीवन सफल बनाएगी।

*"क्या मैं घर में या बाहर ऐसा कोई स्थान खोजूंगा जहां मैं कुछ पल केवल अपने साथ बिता सकूं, ऐसा क्या करू कि उस समय कोई घर वाला या मित्र उन क्षणों में बाधा ना डाल सके?*
*तत्काल 25 दिसंबर 2021 को मेरे द्वारा लिखित उत्तर:-"*

इस प्रश्न का जवाब थोड़ा अजीब है, क्योंकि मैं फिलहाल अपने प्रत्येक कार्य को पूर्ण रूप से डूब कर (आत्मिक बंधन) करता हूं, अर्थात पृथ्वी के समस्त स्थलों पर मैं अपने को बिना प्रभावित हुए अपना पूर्ण विकास करने के प्रयास में हूं।

फिर कुछ विचारणीय प्रश्न:-

*"मैं अपने जीवन की अधिकतर प्रेरणा किससे लेता हूं?*
*तत्काल 25 दिसंबर 2021 को मेरे द्वारा लिखित उत्तर:-"*

इस प्रश्न का उत्तर एक नहीं हो सकता, क्योंकि मेरे जीवन को वक्त और परिस्थितियां प्रभावित करती है। वे परिस्थितियां नकारात्मक या सकारात्मक कुछ भी हो सकती है, तथा मैं निर्णय के वक्त समय की मांग के हिसाब से चलता हूं। मैं प्रत्येक वस्तु को अपनी अपना गुरु मानता हूं, तथा उससे बहुत कुछ सीखता रहता हूं। मुझे इस स्तर तक लाने में मैं प्रज्ञान सर का हाथ मानता हूं, क्योंकि उन्हीं की कृपा से मैं आगे बढ़ रहा हूं तथा उस अंतिम सत्य की तलाश कर रहा हूं, जिसको ढूंढना मुश्किल सा सुनाई देता है।

*"अभी तक मेरे जीवन का सबसे महत्वपूर्ण क्षण कौन सा है?*
*तत्काल 25 दिसंबर 2021 को मेरे द्वारा लिखित उत्तर:-"*

मेरे जीवन का प्रत्येक क्षण महत्वपूर्ण है, क्योंकि उत्तरोत्तर मैं कुछ ना कुछ सीखता ही जा रहा हूं। मैं किसी भी क्षण को महत्वहीन नहीं समझता हूं।

*"क्या वह क्षण मुझे जीवन में कुछ महत्वपूर्ण सिखा कर गया? उस क्षण मेरे अंदर क्या भावना चल रही थी?*

> *तत्काल 25 दिसंबर 2021 को मेरे द्वारा लिखित उत्तर:-"*

इस प्रश्न का जवाब किसी भी क्षण विशेष के ऊपर निर्भर करता है। भावना भी उसी से जुड़ी हुई है।

> *"कोई ऐसा व्यक्ति, वस्तु या परिस्थिति जो मुझे अपने को पहचानने में सहायक हुई है?*
> *तत्काल 25 दिसंबर 2021 को मेरे द्वारा लिखित उत्तर:-"*

बहुत से व्यक्ति, वस्तु या परिस्थितियां मुझे मेरी पहचान करवाने में मेरी सहायता कर चुके हैं। मैं जीवन की किसी भी स्थिति को गलत नहीं मानता हूं, क्योंकि प्रत्येक कार्य के पीछे कुछ वैध, प्रामाणिक व प्राकृतिक कारण विद्यमान होते हैं। वैसे मेरा जीवन असीमित अभावों से भरा हुआ था, तथा इन्हीं अभावों ने मुझे कुछ नया करने, सीखने व बनने की प्रेरणा दी।

> *"ऐसा कोई गुण या विशिष्ट लक्षण जो मैं अपने अंदर विकसित करना चाहूंगा।*
> *तत्काल 25 दिसंबर 2021 को मेरे द्वारा लिखित उत्तर:-"*

बचपन से लेकर अब तक अनेकों बार मेरी इच्छाओं और रुचियों में परिवर्तन होता आया है। लेकिन फिलहाल मैं यह चाहता हूं, कि मैं एक 'पूर्ण मानव' बन सकूं। इस भौतिक जगत से ज्यादा लगाव उचित नहीं है। एक निश्चित समय के बाद दूसरे लोग अपनी भूल समझ पाते हैं, मैं कोई भूल दोहराना नहीं चाहता। वर्तमान में मेरी प्रथम और अंतिम पूर्ण अभीप्सा यही है, कि मैं एक 'पूर्ण मानव' बन सकूं।

अर्चना मैडम का लैक्चर

सभी प्रतिभागियों के लिए हरिद्वार के खैतान हाऊस से अर्चना मैडम के साथ एक और मैडम आई हुई थी। उन्होंने सभी प्रतिभागियों को एक अच्छा इंसान बनने से संबंधित काफी जानकारी प्रदान की। उस लेक्चर के बाद हम लोगों का चाय ब्रेक होना था। ब्रेक में हम लोगों को चाय, नमकीन और बिस्कुट मिले। चाय मीठी नहीं होती थी, क्योंकि चीनी अलग से बाहर रखी गई थी। जिसे मीठी चाय पीनी होती थी, वह चम्मच से चीनी घोलकर चाय पी सकता था।

सुबह का दूसरा सेशन

केस स्टडी को समझ कर समस्या को हल करना (टीम वर्क का महत्व)

दूसरे सेशन में हम सभी लोगों को एक समस्या (केस स्टडी) बताई गई। वह केस स्टडी सभी लोगों को सुलझानी थी। सभी लोगों को 6-6 सदस्यों के ग्रुप में बांट दिया गया। कुल पांच ग्रुप बने थे। प्रत्येक ग्रुप का एक ऑब्जर्वर बनाया गया। मुझे भी एक ग्रुप का ऑब्जर्वर बना दिया गया (मैं एक प्रतिभागी बनना चाहता था)।

(केस स्टडी: - केस स्टडी में सभी लोगों को बताया गया कि, मान लीजिए एक समुंद्र में एक नाव/शिप में एक कैप्टन, दो सहायक और 3 यात्री यात्रा कर रहे हैं (कुल 6 लोग क्योंकि प्रत्येक ग्रुप में 6 सदस्य थे)। अचानक उस नाव/शिप में आग लग जाती है। आप लोगों के पास नाव/शिप में 15 सामग्री मौजूद है, आप लोग उन 15 सामग्री को अति आवश्यक से कम आवश्यक तक 1 से 15 तक क्रमांक दीजिए। उस सामग्री को चुनने का कारण भी बताइए।

नाव में उपलब्ध 15 सामग्री निम्न थी:-

1. सेक्सटेंट (षष्ठक, दो वस्तुओं के बीच के कोण को मापने का यंत्र)
2. दाढ़ी बनाने में उपयोग होने वाला आईना
3. मच्छरदानी
4. 25 लीटर पानी से भरा ड्रम
5. राशन और आवश्यक खाद्य सामग्री
6. सागर का नक्शा

7. पानी में तैरने वाली गद्दी
8. तेल या पेट्रोल से भरी 10 लीटर की कैन
9. छोटा ट्रांजिस्टर रेडियो
10. 20 वर्ग फुट अपारदर्शी प्लास्टिक शीट
11. शार्क मछलियों से बचने की दवा
12. एक बोतल रम
13. 15 फुट नायलॉन की रस्सी
14. 2 डब्बे चॉकलेट या मिठाई
15. समुद्र में मछली पकड़ने का सामान

सभी आब्जर्वर के नाम:-

1. अन्ना जी (रूद्रपुर, उत्तराखंड)
2. मनोरमा जी (मथुरा, उत्तर प्रदेश)
3. समीर जी ( बागपत, उत्तर प्रदेश)
4. विजय जी (रूद्रपुर, उत्तराखंड)
5. कनिका जी (मथुरा, उत्तर प्रदेश)

सभी आब्जर्वर को अपने ग्रुप के सभी सदस्यों की निम्न छ: प्रकार की एक्टिविटीज को देखना था:-

1. आत्मविश्वास
2. ग्रहणशीलता
3. आक्रामकता
4. सहभागिता
5. दृढ़ता
6. नामनीयता

इसके बाद हमें दी गई मूल्यांकन शीट पर हमें प्रतिभागियों की एक्टिविटी को लिखना था। सभी प्रतिभागियों ने उस समस्या को

सुलझाने में इंडिविजुअली काफी गलती की थी। उसके बाद प्रत्येक ग्रुप के सभी सदस्यों द्वारा सामूहिक रूप से उस समस्या को सुलझाया गया। सैद्धांतिक और व्यवहारिक तौर पर व्यक्तिगत गलतियों की तुलना में समूह द्वारा किए गए कार्य में गलती का प्रतिशत कम होना चाहिए था। यद्धपि गलतियों में काफी सुधार हुआ भी। बाद में नियम के मुताबिक सभी ग्रुप के प्राप्त अंकों को वर्षा जी ने बोर्ड पर लिख दिया। सभी ऑब्जर्वर से उनके ग्रुप की एक्टिविटी के बारे में पूछा गया। सभी ग्रुप का हाल बहुत बुरा था। हमारे ग्रुप की हालत भी खराब थी। इसके बाद भी हमारे ग्रुप ने दूसरे ग्रुप की अपेक्षा अच्छा प्रदर्शन किया था। बाद में इस प्रतियोगिता के माध्यम से यह समझाया गया, कि एक अकेला आदमी किसी कार्य को करने में ज्यादा गलती कर सकता है। लेकिन यदि उसी कार्य को कुछ आदमियों के द्वारा ग्रुप में किया जाए तो गलती होने की संभावना कम होती है। इस प्रतियोगिता के माध्यम से हमें टीम वर्क का महत्व समझाया गया।

**केस स्टडी के बाद स्वयं के मूल्यांकन की प्रक्रिया**

अंत में सभी लोगों को दो श्वेत पत्र दिए गए जिनमें ग्रुप की सफलता और असफलता के कारणों का उल्लेख करना था। नीचे दोनों पत्रों के प्रश्नों को लिखकर मैंने अपने द्वारा दिए गए उत्तर लिख दिये हैं।

अपने ग्रुप के सदस्यों का नकारात्मक व्यवहार का उल्लेख कीजिए अर्थात ग्रुप के असफल होने के क्या क्या कारण थे?

- सहभागिता का ना होना
- विनम्रता न होना
- मृदुभाषी न होना
- सहयोगी न होना
- यात्रा से पूर्व प्रशिक्षण लेना था
- जल यात्रा की किट होनी थी
- जल यात्रा की गाइडलाइन का पता होना था
- आत्मविश्वास की कमी
- ग्रुप चर्चा ठीक से होनी थी

ग्रुप को सफल होने के लिए सभी लोगों में क्या-क्या विशेषताएं होनी चाहिए थी?

- एकता
- अनुशासन
- जागरूक
- सचेत
- नेतृत्व की क्षमता
- गंभीर चिंतन
- लग्न
- शांत स्वभाव
- व्यवहारिकता
- निडर
- गंभीरता

### आश्रम का पहला लंच

उसके बाद 01:00 बजे से 2:30 बजे तक हमारा लंच होना था। हम लोग लंच करने के लिए चले गए। लंच के वक्त वही पुरानी प्रक्रिया अपनाई गई। सब लोगों ने लंच हॉल के बाहर चप्पल व जूते निकाल दिए। सभी ने हाथ धोने के बाद थाली, गिलास और चम्मच ली। सभी प्रतिभागी लंच करने के पश्चात अपने अपने रूम में पहुंचे।

### दोपहर वाला पहला सेशन

अगला शासन 3:00 बजे होने वाला था, हम लोग समय पर योगा हॉल में पहुंच गए। इस सेशन में हम लोगों को श्री मां के सिंबल वाला एक प्रपत्र दिया गया। इस प्रपत्र में माता जी द्वारा जीवन में सफलता प्राप्त करने के लिए 12 विशेषताएं बताई गई थी। वैसे तो सभी विशेषताएं अच्छी थी लेकिन हमें तत्काल दो विशेषताएं चुननी थी। हमने वह क्यों चुनी इसके कारण को सोते समय लिखना था। लिखने के बाद 26 तारीख के पहले सेशन में दिखाना या बताना था।

उस प्रपत्र में लिखित 12 विशेषताएं निम्न थी:-

1. अभीप्स
2. उदारता
3. कृतज्ञता
4. ग्रहणशीलता
5. प्रगति
6. प्रयत्नशीलता
7. भलाई
8. विनम्रता
9. समता
10. साहस
11. सत्यनिष्ठा
12. शांति

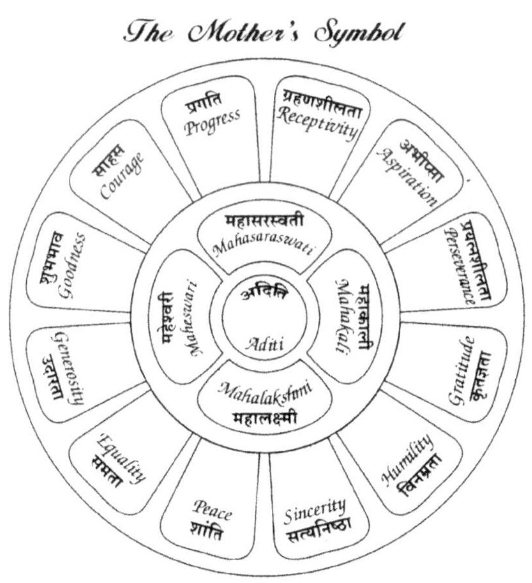



श्री माताजीका प्रतीक

## मां के सिंबल वाला एक प्रपत्र (इंटरनेट की छवि)

### टी ब्रेक

एक घंटे के सेशन के पश्चात हम लोगों ने चाय, नमकीन और बिस्कुट लिए। उसके तुरंत बाद फिर अगला सेशन शुरू होने वाला था। चाय पीने के बाद हम लोग फिर योगा हॉल में उसी स्थान पर बैठ गए। इस सेशन में कीर्ति मैम हम लोगों का आंतरिक मूल्यांकन चाहती थी। इसके माध्यम से वे सिखाना चाहती थी कि चीजों पर कैसे विजय पाई जा सकती है? सभी लोगों को एक नया श्वेत पत्र दिया गया। उस पर दो कोलम बने थे, पहले कॉलम में हमें अपनी स्ट्रैंथ एवं दूसरी में वीकनेस लिखनी थी। हमें कम से कम 5 या अधिक अपनी स्ट्रैंथ और वीकनेस लिखनी थी। मेरे द्वारा मेरे प्रपत्र में लिखी गई स्ट्रैंथ और वीकनेस निम्न थी: -

### स्ट्रैंथ

1.  Self Confidence
2.  Divine Aspirations
3.  Internal Growth
4.  Nature Friendly
5.  Truthness
6.  Aloneness

### वीकनेस

1.  Emotional Women
2.  Emotional Children
3.  Emotional Animals
4.  Dishonour of real Gurus (Teachers)
5.  Lies
6.  Undisciplined Crowd

हम लोगों की ताकत और कमजोरी पर चर्चा होने के बाद यह सेशन भी समाप्त हो गया। इसके बाद हम लोगों के खेलने का समय था। लेकिन खेल नहीं हो पाए। इसके पश्चात कुछ समय खाली था, कुछ प्रतिभागी आश्रम में घूम रहे थे। कुछ अपने रूम में रेस्ट कर रहे थे। मैं शाम 6:00 बजे के बाद मेडिटेशन हॉल में चला गया आश्चर्य की बात है, कि वहां पर मेरे अलावा और कोई भी प्रतिभागी नहीं था। आज मेरे दिमाग में विचार बहुत कम आए थे। मैं ध्यान मग्न होकर बैठ गया। अंत में मारिया जी ने मेरे बांए कान के पास कुछ कहा और मैं इस भौतिक दुनिया में आ गया। उन्होंने पता नहीं मुझे क्या कहा? लेकिन उनका इशारा मैं समझ गया। शायद वे मुझे यह कहना चाहती थी, कि दरवाजा बंद होने का समय हो चुका है। जब मैं मेडिटेशन हॉल से बाहर आया तब वहां पर पिछले शाम की भांति आज भी सिर्फ मेरे ही जूते रखे थे। शायद जूतों को देखकर ही मारिया जी ने यह तय किया होगा कि अंदर कोई है (मेडिटेशन हॉल में प्रकाश बहुत कम रहता था)।

## 25 दिसंबर का डिनर और क्रिसमस का त्यौहार

अब डिनर का समय भी हो चुका था। मैं डिनर के लिए पहुंचा तो मैंने देखा कि वहां पर बहुत से साथी पहले ही आ चुके थे। डिनर के पश्चात क्रिसमस का त्यौहार मनाने के लिए सभी को रुकने के लिए बोला गया। मुझे कीर्ति मैम ने कहा कि योगा हॉल में रखी कुर्सियों को यहां ले आओ। मैंने तुरंत मोहम्मदपुर के एक छोटे साथी को साथ चलने को बोला। वह मेरे साथ चल दिया और उसने योगा हॉल की सभी कुर्सियों को इकट्ठा कर दिया। मैं 4-4 कुर्सियों को वहां से क्रिसमस स्थल तक लाता रहा। कुछ देर बाद दूसरे लड़के भी कुर्सियां ले जाने में सहायता करने लगे। कुछ देर में सारी कुर्सियां क्रिसमस स्थल पर इकट्ठी हो चुकी थी। लड़कियों ने वो सारी कुर्सियां क्रिसमस ट्री के चारों ओर रख दी। उसके पश्चात अधिकतर लोग कुर्सियों पर बैठ गए और बाकी लोग चारो तरफ खड़े हो गए। सब लोगों के इकट्ठा होने के बाद कीर्ति मैम ने स्वामी जी से क्रिसमस के त्यौहार पर प्रकाश डालने का आग्रह किया। स्वामी जी ने कहा कि आज क्रिसमस का त्यौहार है, इसका महत्व ईसाई धर्म में है। ठीक इसी प्रकार अलग-अलग धर्मों के अलग-अलग त्योहार होते हैं।

इन त्योहारों का मूल उद्देश्य लोगों के अंदर सकारात्मक विचारों को पुनर्स्थापित करना एवं लोगों को मोटिवेट करके रखना होता है। त्योहारों की रचना इसलिए की गई थी, ताकि लोगों की निराशा को त्योहारों के द्वारा खत्म किया जा सके। इसके बाद स्वामी जी शांत हो गए। कीर्ति मैम ने वर्षा जी के द्वारा प्रायोजित एक खेल का शुभारंभ किया।

**कड़कड़ाती ठंड में खेल**

उत्तरी भारत में दिसंबर का महीना बहुत ठंडा होता है। 25 दिसंबर 2021 के क्रिसमस त्यौहार की रात्रि को लगभग 8:30 से 9:00 बजे के बीच चंद्रमा के प्रकाश में ठंडी ठंडी हवा चल रही थी। दिसंबर की कड़कड़ाती ठंड की छाती को चीर कर वर्षा ने एक गेम शुरू करवाया। उस गेम में एक लाल रंग की बॉल को लेकर कुर्सी पर बैठे सभी लोग एक दूसरे को देना था (जैसे बॉलीवुड की फिल्म *अब तुम्हारे हवाले वतन साथियों* के "हमें तुमसे हुआ है, प्यार हम क्या करें" गाने में अभिनेता अक्षय कुमार और उसकी होने वाली पत्नी खेलते हैं) । कीर्ति मैम अपनी सारेगामा वाली रेडियो से संगीत बजा रही थी। उनके संगीत को बंद करते वक्त बोल जिसके हाथ में होती थी, उसे वर्षा जी के द्वारा बनाई गई कुछ पर्चियों में से किसी भी एक पर्ची को उठाना होता था। उस पर्ची में जो भी लिखा होता था, वही एक्टिविटी करनी थी। किस पर्ची में क्या लिखा था? यह कोई नहीं देख सकता था। एक पर्ची एक बार ही इस्तेमाल होती थी। इस गेम के दौरान कुछ लोगों को नाचना, गाना और अन्य एक्टिविटी करके दिखानी पड़ी। सभी लोग हंसते मुस्कुराते हुए गेम खेल रहे थे। मैं कुर्सी के पीछे खड़ा हुआ था तथा एक बार मेरे पास बोल जरूर आई भी लेकिन उस समय कीर्ति मैम ने संगीत को बंद नहीं किया। इसलिए मुझे कोई भी एक्टिविटी नहीं करनी पड़ी। कुछ देर बाद गेम समाप्त हुआ। उसके पश्चात स्वामी जी ने पास में रखी घास-फूस एवं सूखी लकड़ियों में आग लगवा दी। आग लगते ही सभी लोग स्वामी जी के पास वहां चले गए। फिर मैंने कीर्ति मैम से अनुमति देकर सारी कुर्सियों को अंदर रखने के लिए पूछा तो उन्होंने हां कह दिया। इस बार मेरे साथ कई साथी थे, सारी कुर्सियां कुछ ही मिनट में पहुंच गई। इसके बाद हम लोग भी आग के पास पहुंच गए। वहां कुछ लोगों ने वीडियो बनाई और फोटो भी

लिए। मैंने भी एक या दो फोटो लिए। इसके कुछ देर बाद सभी लोगों को क्रिसमस का गिफ्ट दिया गया और कुछ देर बाद सभी लोग अपने अपने कमरे में सोने के लिए चले गए।

स्वामी जी के साथ पास में लगी आग में सेंकते सभी प्रतिभागी

25 तारीख की रात को स्वामी ब्रह्मदेव जी के साथ मेरा प्रश्न-उत्तर का सिलसिला

मैं सबसे अंत में सोने के लिए चल दिया। लेकिन बीच रास्ते से ही मैं स्वामी जी से कुछ प्रश्न पुछने के लिए वापस आ गया। रात के लगभग 10:30 बज चुके थे, आश्रम में चारों और पेड़ ही पेड़ थे। झींगुर की आवाज रात को डरावनी बना रही थी। इसी समय स्वामी जी आग के पास से उठकर दूसरी ओर जा रहे थे। मैं उनके पास पंहुचा और उनको नमस्ते किया। उन्होंने मुझसे मेरा परिचय पूछा। हमारे बीच निम्न बातें हुईः-

*"स्वामी जीः- तुम्हारा क्या नाम है?*

मैं:- जी, समीर।

स्वामी जी:- तुम करते क्या हो?

मैं:- जी, पढ़ता हूं।

स्वामी जी:- कौन सी कक्षा में?

मैं:- पीएच. डी. में।

स्वामी जी:- विषय क्या है?

मैं:- इतिहास।

स्वामी जी:- पीएचडी का टॉपिक क्या है?

मैं:- भारतीय राष्ट्रीय कांग्रेस के राष्ट्रवादी रूपांतरण में अरविंद घोष की भूमिका।

स्वामी जी:- पीएच.डी. के बाद क्या करोगे?

मैं:- अभी तो सिर्फ पीएच. डी. ही करनी है, बाकी बाद में सोचूंगा।

स्वामी जी:- जीवन का उद्देश्य क्या है?

मैं:- उद्देश्य तो कई है लेकिन उन तक जाने में थोड़ा समय लगेगा मैं प्रयास कर रहा हूं।"

रात के अंधेरे में स्वामी जी बातें करते हुए निर्माणाधीन यूनिवर्सिटी और गौशाला तरफ़ जा रहे थे।

"स्वामी जी:- तुम्हारा उद्देश्य क्या है?

मैं:- मेरे उद्देश्य तो कई है, लेकिन अभी मैं स्पष्ट रूप से किसी भी एक उद्देश्य को नहीं चुन पाया हूं।"

इसके बाद स्वामी जी ने कहा कि दुनिया बहुत मूर्ख है। क्योंकि यह कागज के टुकड़ों को शिक्षा समझ लेती है। ये कागज के टुकडे वास्तविक शिक्षा नहीं होती। ये कागज के टुकडे चंद पैसो से भी खरीदे जा सकते है। जीवन का वास्तविक ज्ञान इन कागज की डिग्रियों से परे है।

## निर्माणाधीन यूनिवर्सिटी

हम लोग रात की अंधेरे में एक अनजान रास्ते पर जा रहे थे। (इसी रास्ते पर मैं भी जाना चाहता था, लेकिन मुझे एक व्यक्ति ने मना कर दिया था। उसने कहा था कि रात को जाना मना है। कुछ ही देर बाद उसी रास्ते पर स्वामी जी के साथ मुझे जाने का अवसर मिला)। स्वामी जी निर्माणाधीन युनिवर्सिटी की बिल्डिंग का मुआइना करने के लिए गए थे। मैं भी उनके साथ साथ चल रहा था।

*"मैंने उनसे पूछा कि यह बिल्डिंग किस काम के लिए बनाई जा रही है?*
*उन्होंने जवाब दिया कि यहां पर यूनिवर्सिटी खुलेगी।"*

काफी बातचीत के बाद हम वापिस आ गए। स्वामी जी जलती हुई आग के सामने आकर बैठ गए। मैं भी उनके पास ही खड़ा रहा। मैंने उनसे कई सवाल किए।

"मैंने उनसे पूछा कि जब आग जल रही थी तो मेरा मन ऐसा कर रहा था, कि मैं जलती आग में कूद जाऊं। इसलिए ही डर के मारे मैं थोड़ा पीछे की और बैठा हुआ था। आखिर मुझे ऐसे विचार क्यों आते हैं?

स्वामी जी ने कहा कि आग वैराग्य का प्रतीक है, और वैराग्य से ही शांति प्राप्त होती है। इंसान को मौत के बाद जलना भी आग में ही है, तो यही अंतिम सत्य है।"

मैं स्वामी जी के उत्तर को पूर्णत: समझ ही नहीं पाया, कि आखिर वह कहना क्या चाहते थे? मेरे मस्तिष्क में एक सवाल यह उठ रहा था, कि कुछ लोग तो शव को आग में जलाते भी नहीं क्या वे जीवन के अंतिम सत्य तक नहीं पहुंच पाते?

"मैं:- कभी-कभी मेरा मन आत्महत्या को करता है। मैं जानता हूं कि आत्महत्या गलत है, इसलिए मैं आत्महत्या से डरता भी हूं। कई बार मैं आत्महत्या का असफल प्रयास कर चुका हूं। एक बार बूढ़पुर के पास तेज गति से मेरी ओर आ रही एक कार के सामने मेरा मन मुझे कूदने को कह रहा था। लेकिन फिर मौत के डर से मैं रास्ते के दूसरी ओर मुंह करके खड़ा हो गया। एक दिन बूढ़पुर रेलवे स्टेशन पर चलती ट्रेन के नीचे भी मेरा मन मुझे कूदने को कह रहा था। ट्रेन के पास आते ही मैं मौत के डर कर पटरी से बहुत दूर जाकर खड़ा हो गया।

इसी के साथ मैंने स्वामी जी से एक और प्रश्न किया कि अधिकांशत: मेरा मन संसार को छोड़कर गौतम बुद्ध की तरह एक संत या आध्यात्मिक गुरु बनने का करता है। लेकिन कभी-कभी इस भौतिक संसार से लगाव होने के कारण मन रुकने को कहता है। आखिर मुझे कौन सा मार्ग चुनना चाहिए? जबकि मुझे एहसास हो चुका है, कि अध्यात्म के रास्ते संत बनने के पश्चात ही मैं अपनी अंतिम

मंजिल पर पहुंच पाऊंगा।

स्वामी जी ने कहा की तुम फिलहाल वैचारिक द्वंद्व की स्थिति में हो। तुम कुछ दिन या वर्षों तक ऐसे ही परेशान रहोगे। अंत में जब तुम ज्यादा परेशान हो जाओगे तब तुम भौतिक संसार को छोड़कर वास्तविक ज्ञान को प्राप्त करने के योग्य हो जाओगे अर्थात अध्यात्म को अपनाकर एक संत बन जाओगे। उन्होंने आगे कहा कि भटकना गलत नहीं है, क्योंकि भगवान बुद्ध और महावीर स्वामी भी सत्य की खोज में कई वर्षों तक भटके थे। भटकने के बाद ही उन्हें सत्य का पता लग पाया था और उन्होंने अपना सारा राजपाट छोड़कर एक संत बन कर जीवन जीना स्वीकार किया। देखो आज पूरी दुनिया उनका अनुसरण कर रही है। उन्होंने आगे कहा कि, अभी तुम्हारे साथ ऐसी स्थिति इसलिए आ रही है, क्योंकि तुम सत्य को जानने का प्रयास कर रहे हो। तुम अपने आप से ही प्रश्न करते हो और ख़ुद ही प्रश्नों का उत्तर देते हो। तुम कभी-कभी उत्तर ना मिलने पर बहुत परेशान हो जाते होंगे। यह स्थिति एक हद तक तो सही है, लेकिन लाइफ को बैलेंस करके चलो। फिर वे बोले कि, तुम अपने आप को इतना परेशान कर दो कि तुम्हारी परेशानी इस कदर बढ़ जाए कि तुम इस अज्ञानी दुनिया को छोड़ कर सच्चाई की दुनिया में प्रवेश कर सको। तुम अध्यात्म में बिल्कुल आ सकते हो, लेकिन तुम तभी आना जब तुम्हारा मन तुम्हें आने को कहे। अभी तुम्हें उसी संसार में भटकना है, जहां अन्य लोग भी भटक रहे हैं।"

## स्वामी जी से विदा लेकर मैं सोने चला गया

मैं स्वामी जी के पास कुछ देर तक बिल्कुल शांत होकर खड़ा रहा। आग की लपटें समाप्त हो चुकी थी। केवल आग की आंच हम लोगों तक पहुंच रही थी। उसके बाद स्वामी जी को गुड नाईट बोलने के बाद मैंने अपने कमरे की और जाना उचित समझा। स्वामी जी अकेले आग के

पास बैठे थे और मैं वहां से विश्व मंदिर की ओर चल चुका था। मैं अपने प्रश्न उत्तर की गहराई में इतना डूबा हुआ था, कि मुझे कुछ भी समझ नहीं आ रहा था। कुछ देर बाद में अपने कमरे में पहुंचा। जैसे ही मैंने दरवाजा खोला तो देखा कि विजय जी सोने की तैयारी कर रहे थे। इसके बाद मैंने अपने क्रिसमस वाले गिफ्ट को खोल कर उसकीसारी टॉफी अपने बिस्तर पर बिछादीऔर उसका फोटो खींचकर व्हाट्सएप के स्टेटस पर लगाया। फिर उनमें से एक टॉफी मैंने विजय जी को दी और एक खुद खा गया। कुछ तिलसकरी खाने के बाद मैंने सारी टॉफी और सामान को उसी कपड़े के बैग में रखकर अलमारी में रख दिया। अब मैं भी सोने की तैयारी करने लगा। कुछ देर बाद मैं भी बिस्तर पर कंबल के अंदर था। स्वामी जी के साथ हुई वार्तालाप को याद करते-करते कब मुझे नींद आ गई मुझे पता भी नहीं चला।

क्रिसमस वाला गिफ्ट और उसकीसारी टॉफी

• 41 •

# 9
# 2 तारीख़ का दिन

**सुबह योगा और एक्सरसाइज**

अगले दिन के शेड्यूल के हिसाब से सभी प्रतिभागियों को सुबह श्रमदान और फिर एक्सरसाइज करनी थी, लेकिन ये काम अगले दिन पर टाल दिया गया। सुबह उठने के बाद फिर पिछली सुबह की भांति आज भी कीर्ति मैम ने अपनी सारेगामा वाली रेडियो पर एक मधुर सा संगीत बजाया। आज मैं थोड़ा जल्दी उठ गया था। मैं अपने कमरे से बाहर आते ही और कीर्ति मैम ने मुझे वो रेडियो दी और सभी कमरों का दरवाजा खटखटाने का कार्य दिया। मैंने विश्व मंदिर में स्थित ग्राउंड फ्लोर के सभी दरवाजे खटखटाते हुए वृत्ताकार पथ का एक चक्कर पूर्ण किया। इसके बाद मैंने रेडियो रख दी कुछ देर बाद भी कुछ लोग नहीं आए थे। लेकिन मैम ने विजय जी को आदेश दिया कि जितने लोग आ चुके उन लोगों की एक्सरसाइज शुरु कराई जाए। आज हम लोगों ने विश्व मंदिर के वृत्ताकार आंगन में दौड़ लगाई। इसके बाद सामान्य पीटी कराई गई तथा सभी लोगों को तैयार होने के लिए मुक्त कर दिया गया।

**नाश्ता**

सभी प्रतिभागी तैयार होने के बाद सुबह 8:00 बजे नाश्ते के लिए पहुंचे। सभी लोगों ने नाश्ता किया। इसके बाद हमारा 9:00 बजे पहला सेशन होने वाला था। पिछले दिन की भांति आज भी मैं 9:00 बजे से 10 मिनट पहले योगा हॉल में पहुंचा।

**सुबह का पहला सेशन**

सभी प्रतिभागियों से कीर्ति मैम ने पिछले दिन के होमवर्क के बारे में पूछा। 25 दिसंबर को माताजी के सिंबल में उल्लिखित 12 विशेषताओं में से दो विशेषताओं पर रात को सोते समय लिखने के लिए बोला गया था। लेकिन वह किसी ने भी नहीं लिखा था। आश्चर्य की बात यह है, कि मैंने भी नहीं लिखा था। मैं डूब कर सोच रहा था कि शायद पिछली रात इतनी दार्शनिक थी, कि मैं उस रात के अंधकार में चंद्रमा के प्रकाश से नहाते हुए डूब गया था (स्वामी जी से प्रश्नोत्तर करते वक्त)। समय इतनी तेज दौड़ रहा था, कि उसकी रफ्तार को मापना भी आसान नहीं था। तुरंत ही कीर्ति मैंने सभी को लिखने के लिए कहा। मैंने तुरंत अपने किट से एक पेन निकालकर कॉपी पर अपनी पसंद की दो विशेषताओं को लिख दिया। उनकी मुझे तत्काल आवश्यकता थी और अब भी है।उनकी प्राप्ति हेतु मैं और ज्यादा मेहनत करना चाहता था।

मैंने निम्न दो विशेषताओं को चुना था: -

• अभीप्सा

मेरे द्वारा अभीप्सा को चुनने का कारण:-

किसी भी दिव्य कार्य को करने के लिए अभीप्सा का होना अत्यावश्यक है, उद्देश्य की प्राप्ति के लिए जरूरी है। मैं अपनी अभीप्सा के चक्र को वर्तमान की भांति उत्तरोत्तर उन्नति की ओर ले जाना चाहता हूं। मैं अपने अंदर अभीप्सा को जगाए रखने का कार्य करूंगा। उपरोक्त अभीप्सा के माध्यम से हम दिव्य मार्ग में सतत सफलता प्राप्त करते रहेंगे।

• शांति

मेरे द्वारा शांति को चुनने का कारण: -

किसी भी समय कोई भी कार्य करने के लिए शांति का होना अत्यावश्यक है। मैं सिर्फ़ सामाजिक शांति की बात नहीं करूंगा बल्कि

आत्मिक व दिव्य शांति को प्राप्त करने के लिए भी मैं सतत प्रयास करना चाहता हूं। स्थाई शांति से तात्पर्य है, कि हम प्रत्येक समय अपने आप से संतुष्ट रहने का प्रयास करें। मेरे लिए शांति एक अन्य गुण है, जिस पर विजय प्राप्त करने के लिए मैं प्रयत्न करना उचित समझता हूं।

सभी का लेखन कार्य पूरा हो जाने के पश्चात इस पर कुछ समय तक विचार विमर्श किया गया। फिर चर्चा बंद कर दी गई।

अगली चर्चा में हम लोगों को एक सामान्य मानव के विशिष्ट मानव में रूपांतरण के घटकों पर विमर्श किया गया। पूर्ण रूपांतरण के चार घटक लिखवाए गए एवं उन पर चर्चा हुई।

ये निम्न थे: -

- व्यक्तिः-

इस कारक के अंतर्गत यह समझाया गया कि कोई भी व्यक्ति किसी सामान्य इंसान के विशिष्ट मानव के रूपांतरण में सहायक हो सकता है। वह व्यक्ति उस अमुक्त व्यक्ति का माता, पिता, गुरु, मित्र, दुश्मन, या कोई अनजान व्यक्ति भी हो सकता है।

- वस्तुः-

इस कारक के अंतर्गत यह समझाया गया कि एक सामान्य व्यक्ति के विशिष्ट में रूपांतरण के लिए कोई वस्तु भी सहायक हो सकती है। वह वस्तु छोटी या बड़ी, हलकी या भारी, सस्ती या महंगी, भौतिकी या अभौतिक कुछ भी हो सकती है।

- घटनाः-

इस कारक के अंतर्गत यह समझाया गया था कि जीवन के पूर्ण रूपांतरण में घटनाओं का भी विशेष महत्व होता है। कोई घटना विशेष भी एक सामान्य मानव को विशिष्ट मानव बना सकती है।

- **परिस्थितिः-**

इस कारक के अंतर्गत यह बताया गया कि इंसान के सामने अनेक प्रकार की *सामाजिक, आर्थिक, राजनीतिक, धार्मिक, सांस्कृतिक, भौगोलिक, ऐतिहासिक, व्यवहारिक, मनोवैज्ञानिक, शैक्षणिक अथवा तात्कालिक परिस्थितियां* आ सकती है। इन परिस्थितियों के परिणाम स्वरूप भी वह एक सामान्य से विशिष्ट मानव बन सकता है।

अभ्यास का महत्व

अगली एक्टिविटी में हम लोगों को अभ्यास का महत्व समझाने के लिए एक पैराग्राफ लिखा हुआ श्वेत पत्र दिया गया था। उस पर निम्न बातें लिखी हुई थीः-

हम अधिकतर संसार में सुख ढूंढते फिरते रहते हैं। पर असली खुशी क्या कभी पाने में सफल होते हैं? क्या है असली सुख? कैसे और कहां से प्राप्त होती है यह असली खुशी? एक इच्छा पूरी हुई नहीं कि दूसरी जन्म ले लेती है। कब इच्छाएं आवश्यकताओं में बदल जाती हैं, पता ही नहीं चलता और हम सदा एक भूलभुलैया की स्थिति में रहते हैं। ऐसा क्या है जिसे जानकार या पाकर हम स्थाई रूप से सुखी रह सकते हैं? जब आश्रम में मां बच्चों की क्लासेज लेती थी तो कहती थी, जीवन में अपने आप को जानना अत्यंत आवश्यक है। हमें यह जन्म क्यों मिला है? हमें यहां इस संसार में क्या करना है? यही जानकारी प्राप्त होने पर हम सही मायने में एक सार्थक और अर्थ पूर्ण जीवन जीने का प्रारंभ कर पाएंगे।? अभी तो हमारी पहचान केवल अपनी ऊपरी सतह की जानकारी से है। हमारी पहचान के लिए हमारा शरीर, हमारी भावनाएं, हमारी सोच, हमारा नाम, हमारे संबंध, बस यहीं तक सीमित है। क्या केवल रोटी, कपड़ा, मकान और सामाजिक रिश्ते में उलझे रहने के लिए ही यह जीवन मिला है? यदि हम इन सब जिज्ञासाओं के उत्तर पाना चाहते हैं तो हमें अपने को जानने और समझने के लिए प्रयत्न तो करने ही होंगे। जब जानेंगे तभी समझ पाएंगे ऐसी कौन सी आदत है जो मेरी प्रगति में बाधा बन रही है? फिर हम सही तरीके से अपने को बदलने का प्रयास प्रारंभ कर पाएंगे। जीवन में एक बात सदा याद रखें, कि कोई भी यात्रा कितनी भी लंबी या

कठिन क्यों न हो, आगे बढ़ने के लिए पहला कदम तो लेना ही पड़ता है। वह पहला कदम क्या है? स्वयं को समझ कर उन आदतों को स्वीकार कर उन्हें बदलने का प्रयास करना। उस बदलाव को अपनी स्वाभाविक आदत बनाने के लिए लगातार उसका अभ्यास करना आवश्यक होगा। श्री मां कहती है, जिस काम को करने में आपको वर्षों लगते हैं, यदि आप सचेत हैं तो वही काम आप कुछ दिनों में ही कर सकते हैं।

> *"When one learns something new it will become a habit only when it is practised regularly*
> *The Mother"*

अगली एक्टिविटी में दो प्रश्नपत्र नुमा कागज दिये गए, जिन पर कुछ निर्देश एवं प्रश्न लिखे थे। सभी प्रतिभागियों को उन्हें पढ़ कर उन प्रश्नों के उत्तर लिखने थे। मैं उस प्रश्न पत्र पर लिखी सभी बातों के साथ अपने द्वारा दिए गए उत्तरों को लिख रहा हूं: -

पहला पत्र:-

जीवन में स्वयं को जानने के लिए विशेष प्रयास की आवश्यकता होती है। जब भी हम कुछ नया सीखते हैं, वह हमारा स्वभाव तभी बनता है जब हम नियमित रूप से उसका पालन करते हैं।

अपने आत्म विकास में सहायक परीक्षण सूची

- क्या मैं नियमित रूप से अपनी समीक्षा करता हूं?
- क्या मैं अपने मन में अपने प्रति नकारात्मक विचार और भावनाओं को रोकने में कामयाब हुआ?
- जब मेरे अंदर दूसरों के प्रति नकारात्मक विचार और भावनाएं आती है तो क्या मैं उनको दृढ़ता से रोक पाता हूं?
- क्या मैं अपने सकारात्मक व्यक्तित्व को शक्तिशाली बनाने के लिए प्रयत्न करता हूं?
- कुछ व्यक्ति जिनका व्यवहार मुझे सही नहीं लगता उनमें क्या कुछ सकारात्मक देखने की क्षमता रखता हूं?

- क्या सुबह घर से निकलने से पहले मैं पूरे दिन के लिए सही तरीके से अपने को तैयार करता हूं?
- इस परीक्षण सूची के आधार पर क्या आप स्वयं पर काम करने का प्रयास करने का दृढ़ निश्चय करेंगे?

याद रहे यह निश्चय और प्रण आपको स्वयं अपने से ही करना है।

*"If followed sincerely it can help one to remain alert in strengthening the positive habits and overcoming the weaknesses in oneself."*

पृष्ठ के पिछली और श्री मां की एक कोटेशन लिखी हुई थी। जो निम्न है:-

*"Even if things are not as they ought to be, worry does not help to make them better. A quiet confidence is the source of strength*

*The Mother"*

दूसरा पत्र:-

इस सिद्धांत को समझने के लिए, स्वयं को जानने, समझने और स्वीकारने के लिए एक यात्रा प्रारंभ करनी होगी।

यात्रा का पहला कदम नीचे दिए प्रश्नों के उत्तर देकर प्रारंभ करते हैं:-

मैं कौन हूं? यह जीवन मिलने के पीछे क्या प्रयोजन है? क्या मेरे मन में कभी यह प्रश्न उठा?

*"तत्काल 26 दिसंबर 2021 को मेरे द्वारा लिखित उत्तर:-*

*मैं संदेह में हूं, तथा अपने को जानने का प्रयास कर रहा हूं। मेरा जन्म किसी खास उद्देश्य के लिए हुआ है, यह मुझे पता है। मुझे एहसास होता है, कि मैं मंजिल के बहुत करीब हूं।"*

इस तरह के प्रश्न कभी मन में नहीं उठे तो क्यों? और कभी यह प्रश्न उठे तो आपने इनका उत्तर किससे और कैसे जानने का प्रयत्न किया?

*"तत्काल 26 दिसंबर 2021 को मेरे द्वारा लिखित उत्तर:-*
*ऐसे तमाम प्रश्न उठते हैं तथा मैं नित्य ही उनका उत्तर*
*तलाशने के लिए गंभीर चिंतन करता हूं।"*

क्या आपके मन में प्राय: यह विचार आता है, कि दूसरे व्यक्ति आपके बारे में क्या राय रखते हैं?

*"तत्काल 26 दिसंबर 2021 को मेरे द्वारा लिखित उत्तर:-*
*यह विचार पहले बहुत आता था, लेकिन अब मैं दूसरों*
*को अधिकांशतः नजरअंदाज करता हूं। मैं अपने आंतरिक व*
*दिव्य आनंद की प्राप्ति में लीन होने का प्रयास किया करता*
*हूं।"*

अपने बारे में कोई एक बात सोच कर लिखें जो आपको विशेष बनाती है।

*"तत्काल 26 दिसंबर 2021 को मेरे द्वारा लिखित उत्तर:-*
*अधिकांश युवा वर्ग के साथी मेरे विचारों को स्वीकार*
*नहीं कर पाते तथा मैं भी उनके विचारों को स्वीकार नहीं कर*
*पाता। लेकिन प्राय: मुझे अधिकांश वृद्धजनों का वैचारिक*
*व मानसिक समर्थन प्राप्त होता रहता है। मुझे लगता है कि*
*मेरी बातें ऐसी है, जो किसी अनुभवी व्यक्ति को ही पता*
*हो। क्योंकि मेरी इच्छाएं कभी भी जिद्दी नहीं रहती तथा मैं*
*अनुकूलन के नियमों से संचालित हूं। शायद यह बात मुझ*
*में औरों से अलग हो।"*

क्या अन्य लोग आपकी उस विशेषता को देख या समझ पाते हैं? अगर नहीं तो इसका क्या कारण है? आप इस स्थिति को कैसे बदल सकते हैं?

*"तत्काल 26 दिसंबर 2021 को मेरे द्वारा लिखित उत्तरः-*
*मैं अपने को एक इच्छा अच्छा इंसान बनाने का प्रयास*
*कर रहा हूं, तथा इसी कार्य को तब तक करता रहूंगा जब तक*
*मैं अपने आप से संतुष्ट ना हो जाऊं।"*

आपके जीवन में ऐसा क्या है, जिसके लिए आप कृतज्ञ हैं?

*"तत्काल 26 दिसंबर 2021 को मेरे द्वारा लिखित उत्तरः-*
*मैं अपने माता-पिता के प्रति सर्वाधिक कर्तव्य हूं,*
*क्योंकि उनकी बदौलत ही में जन्म दे पाया हूं। मेरा जीवन*
*उन्हीं की देन है।"*

दिन के कितने घंटे आप टीवी देखने मे, दोस्तों से गप्पे लगाने मे, इधर-उधर घूम कर समय को व्यर्थ गंवाते हैं?

*"तत्काल 26 दिसंबर 2021 को मेरे द्वारा लिखित उत्तरः-*
*मुझे टीवी देखने का शौक कम ही है, तथा मेरे पास दोस्त*
*नाम मात्र के ही हैं। वैसे मैं स्वयं प्राकृतिक स्थलों पर घूमना*
*पसंद करता हूं।"*

अपने जीवन पर गौर करें और सोचे कि अब तक का जीवन आपने जोश से जिया है या एक कठपुतली की तरह अपने आसपास के लोगों से वाद-विवाद करते हुए और दूसरों पर दोष मढ़ते हुए?

*"तत्काल 26 दिसंबर 2021 को मेरे द्वारा लिखित उत्तरः-*
*मैंने अभी तक अपना जीवन जोश के साथ ही जिया है,*
*मैं कठपुतली नहीं बना क्योंकि मुझे ऐसा अवसर कम ही*
*मिला।"*

भगवान का आपके जीवन में क्या महत्व है? और अपने जीवन में उन्हें आप क्या स्थान देते हैं?

*"तत्काल 26 दिसंबर 2021 को मेरे द्वारा लिखित उत्तर:-*
*मैं पूर्ण नास्तिक (यथार्थवादी) हूं। अभी तक की समझ*
*के लिए मैं भगवान के प्रति संदेह ग्रस्त हूं। मुझे लगता है कि*
*ईश्वर का दूसरा नाम सत्य है, तथा जो सत्य नहीं वह कुछ*
*भी नहीं। यदि ईश्वर हर जगह है, तो हम सबके अंदर ईश्वर*
*है। अतः हमें ऐसे कार्य करने चाहिए जैसे ईश्वर करते हैं। पूर्ण*
*एवं दिव्य समर्पण के साथ।"*

**सभी प्रतिभागियों ने अपने प्रश्न लिखे**

इस एक्टिविटी के समाप्त होते ही हम लोगों से अगले सेशन के लिए कुछ प्रश्न लिखवा लिए गए। जिनका जवाब अगले सेशन में स्वामी जी देने वाले थे। सभी प्रतिभागियों को एक-एक श्वेत पत्र दिया गया। उस पर हमें अपना नाम लिखे बिना कोई भी, किसी भी प्रकार का प्रश्न लिखना था। इसके बाद प्रश्नों की पर्चियां कीर्ति मैम ने इकट्ठा कर ली। इस एक्टिविटी के समाप्त होते ही टी ब्रेक हो गया। अंततः हम लोगों को चाय पीने के लिए फ्री कर दिया।

टी ब्रेक

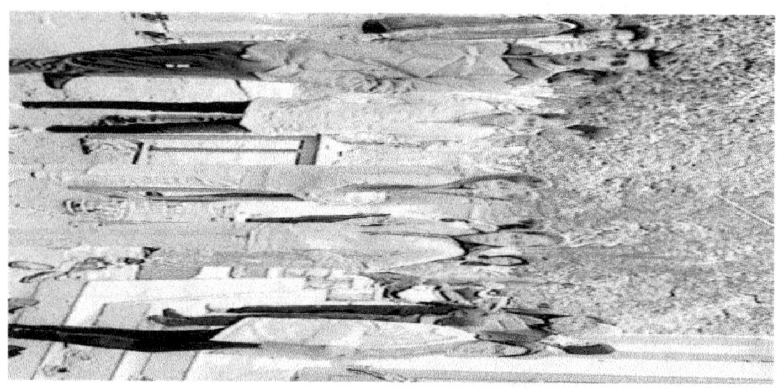

टी ब्रेक के दौरान की छवि

टी ब्रेक के बाद अगला सेशन 11:20 से होना था। इस सेशन में स्वामी जी हम लोगों को हमारे द्वारा गुप्त रूप से लिखित प्रश्नों का उत्तर देने वाले थे। कीर्ति मैम के द्वारा हमारे द्वारा लिखित गुप्त प्रश्न एक-एक करके स्वामी जी से पूछे गए। स्वामी जी ने उन प्रश्नों का उत्तर दिया। स्वामी जी द्वारा दिए गए उत्तरों में निम्न कीवड्र्स महत्वपूर्ण रहे। जिनको मैंने अपनी कॉपी में तत्काल नोट कर लिया था:-

**स्वामी जी के प्रश्न उत्तर के दौरान प्रकाश में आए कुछ महत्वपूर्ण शब्द एवं कोटेशन**

1. माहौल:- स्वामी जी जब उत्तर दे रहे थे, तब व्यक्ति के माहौल का जिक्र भी आया था। व्यक्ति किस माहौल में रहता है? यह बड़ा प्रमुख है। व्यक्ति को सकारात्मक माहौल में रहना चाहिए।

2. व्यक्तित्व:- इंसान का व्यक्तित्व कैसा हो? यह सदा से ही एक बड़ा मुद्दा रहा है। वह इंसान जिस प्रकार के व्यक्तित्व का होता है, उसके उसी दिशा में सफल होने की संभावना अधिक होती है। उसका व्यक्तित्व कई चीजों पर निर्भर करता है, जैसे;- व्यक्ति की सामाजिक, राजनीतिक, आर्थिक, धार्मिक अथवा भौगोलिक स्थिति।

3. उपस्थित:- जब आप किसी भी कार्य को करते हैं, तब क्या आप वहां पर उपस्थित रहते हैं? आप सचेत होकर उस कार्य को करते भी है या फिर कहीं खोए रहते हैं। अगर आप सचेत रहकर उस कार्य को करते हैं, तो इसका मतलब आप ध्यान मग्न है। इससे आपके सफल होने की अधिक संभावना रहती है।

4. अनुपस्थित:- यह उपस्थिति के बिल्कुल उल्टा होता है। यानि कि जब आप किसी कार्य को करने के लिए कहीं पर भौतिक रूप से तो उपस्थित होते हैं, लेकिन आपका मन कहीं और विचरण कर रहा होता है। ध्यान के माध्यम से मन के गैरजरूरी विचरण को समाप्त करके आपकी मानसिक अनुपस्थिति को समाप्त करने का प्रयास किया जाता है।

5. भविष्य:- भविष्य के बारे में बात की गई थी। कई प्रकार के पहलुओं को छुआ गया था।

6. क्रांति आनी है:- स्वामी जी ने एक सवाल का उत्तर देते हुए बड़े जोश के साथ कहा, कि वर्तमान समाज के लोगों की स्थिति बड़ी खराब हो चुकी है। इसलिए निकट भविष्य में एक क्रांति तो आनी है। वह क्रांति वैचारिक या गैर वैचारिक कुछ भी हो सकती है।

7. अतीत की स्मृतियां:- संपूर्ण अतीत इतिहास है। अतीत के स्मरण से हम गलतियां करने से बचते हैं। इसलिए कोई भी नया काम करने से पहले हमें अपने द्वारा अतीत में की गई गलतियों को याद करना चाहिए। उन्हें ना दोहराते हुए हमें किसी भी नये कार्य को शुरू करना चाहिए।

8. लक्ष्य:- प्रत्येक इंसान अपने जीवन में कोई ना कोई लक्ष्य अवश्य बनाता है। फिर उस लक्ष्य की प्राप्ति के लिए काफी मेहनत भी करता है। इंसान द्वारा बनाया गया लक्ष्य उसको आत्म संतुष्टि प्रदान करता है। जीवन में लक्ष्य का विशेष महत्व है। सभी लोगों को अपने जीवन में कुछ लक्ष्य जरूर बनाने चाहिए।

9. द्वेष:- द्वेष से तात्पर्य होता है कि, किसी भी व्यक्ति के साथ आपके वैचारिक या सैद्धांतिक मूल्यों का टकराव होना। इस टकराव की वजह से ही झगड़ा होने की संभावना बढ़ जाती है।

10. डिग्री (कागज का टुकड़ा है):- स्वामी जी ने इस बात को कई बार दोहराया कि स्कूल, कॉलेज और यूनिवर्सिटी के द्वारा प्रदान की जाने वाली डिग्री कागज का टुकड़ा मात्र होती है। वहां पर ज्ञान जैसी कोई चीज नहीं मिलती। उनकी इस बात से मैं पूर्णतया सहमत नहीं हूं। शायद वर्तमान की विकृत व्यवस्था ने उन्हें ऐसा सोचने पर मजबूर कर दिया है।

11. भविष्य के सपने:- भविष्य के सपनों से तात्पर्य एक प्रकार के लक्ष्यों से ही है। जिन्हें पूरा करने के लिए हम लोग प्रयास करते हैं।

12. हंसना:- यहां पर सभी लोगों को हंसने के बारे में बताया था। क्या कोई भी व्यक्ति वास्तव में हंसता है? या फिर केवल दिखाने के लिए हंसता है। जीवन में हंसी बहुत आवश्यक है।

13. रोना:- यहां पर रोने से संबंधित कुछ उल्लेख किया गया था। बताया गया था कि वास्तव में इंसान किस किस प्रकार से रोता है। उसका रोना आंतरिक भी हो सकता है और बाहरी भी। वह अकेला भी रो सकता है और समूह में भी। तनाव भरे इस दौर में इंसान के सुखी रहने के लिए उसके शारीरिक व मानसिक स्वास्थ्य का ठीक करना बहुत जरूरी है। इसलिए योगा और मेडिटेशन जीवन में और भी महत्वपूर्ण हो जाता है।

14. जिंदा रहना है या जीना है:- यहां पर स्वामी जी ने दोनों शब्दों में भेद कर दिया था, कि समाज में व्यक्ति जिंदा है या फिर वास्तव में जी रहा है। अगर व्यक्ति जिंदा है, तो उसके जीवन पर धिक्कार है। अगर वह जी रहा है, तो यह बहुत अच्छी बात है।

15. खुशी:- खुशी हमारे जीवन के लिए बहुत आवश्यक होती है। इस विषय पर भी स्वामी जी ने कोई उत्तर दिया था।

16. पदार्थ:- किसी प्रश्न का उत्तर देते समय स्वामी जी ने पदार्थ की बात की थी। उस समय ऐसा लग रहा था, जैसे रसायन विज्ञान का कोई अध्यापक हमें रसायन विज्ञान पढ़ा रहा हो।

17. गुलामी:- यह शब्द बड़ा रोचक है। उपनिवेशवाद की मार झेल झुके देश इस शब्द से अच्छी तरह से परिचित होंगे। लेकिन क्या आज के समय में हम लोग सुरक्षित और आज़ाद है? शायद नहीं। क्योंकि आज के समय में हमारे ऊपर नया उपनिवेशवाद (व्यापारिक) तथा बंधन थोप दिये गए है। स्वामी जी कई प्रकार की गुलामी की बात कर रहे थे। जैसे वास्तविक गुलामी, अवास्तविक गुलामी, भौतिक गुलामी, अभौतिक गुलामी, सैद्धांतिक गुलामी, वैचारिक गुलामी आदि। स्वामी जी ने बताया कि गुलामी इंसान की प्रगति में बाधा उत्पन्न कर देती है। अत: हम लोगों को गुलामी से मुक्त होकर जीवन जीना चाहिए।

18. आनंद:- यहां पर खुश रहकर जीवन जीने के पश्चात मिलने वाले आनंद की बात की गई थी। यह दिखावटी या खोकला नहीं बल्कि वास्तविक था।

19. जड़ें;- यहां पर पेड़ की जड़ों का उदाहरण देते हुए पेड़ की स्थिरता व मजबूती समझाने के पश्चात किसी विशाल बिल्डिंग की नींव की मजबूती के बारे में बता कर हम लोगों को सफ़लता प्राप्त करनेके लिए ग्रास रूट लेवल पर मेहनत करने की सलाह दे रहे थे।

20. पूर्ण उपस्थिति:- किसी कार्य को करते समय क्या आप वहीं उपस्थित रहते हैं? या फिर आपका मन कहीं और दौड़ता रहता है। कार्य के दौरान पूर्ण उपस्थिति या पूर्ण अनुपस्थिति के बारे में समझाया गया।

21. शांति:- शांति जीवन के लिए बहुत आवश्यक है। संयुक्त राष्ट्र संघ ने भी सतत विकास मूल्यों में शांति की बात की है। स्वामी जी आंतरिक शांति की बात कर रहे थे।

22. पसंद:- आप जो कार्य कर रहे हो क्या वह आपकी पसंद का है? अथवा नहीं। कहीं ऐसा तो नहीं कि आप कोई ऐसा कार्य करने में लगे हुए हैं जिसमें आपकी रुचि बिल्कुल भी ना हो। शायद आपके निरंतर असफल होने का यही कारण हो। स्वामी जी ने इस बारे में भी बताया था।

23. विकल्प:- किसी व्यक्ति के पास बहुत कम विकल्प होते हैं। लेकिन कुछ लोगों के पास बहुत अधिक विकल्प होते हैं। कुछ लोग बिना विकल्प के भी जीवन जीते हैं। यहां पर यह समझाया गया था कि सही वक्त पर सही विकल्प को चुन लेना ही बुद्धिमानी होता है।

24. स्पष्टता:- आप जो भी कार्य कर रहे हैं, उसके प्रति कितने स्पष्ट हैं? यदि आप अपने कार्य से संतुष्ट और खुश हैं तो ठीक है। इसी से संबंधित कोई बात समझाई गई थी।

25. अनुभव:- यह शब्द बड़ा व्यापक है। बीता हुआ एक एक क्षण हमारे अनुभव में तब्दील हो रहा है। हम भविष्य में उठाने वाले प्रत्येक कदम के लिए अपने पुराने अनुभव का सहारा अवश्य लेते हैं। हमें सहारा लेना भी चाहिए। इसी बारे में स्वामी जी ने हम लोगों को समझाया था।

26. विकास:- स्वामी जी ने विकास को वर्गीकृत करने के पश्चात इसके बारे में भी हम लोगों को समझाया था। पूर्ण विकास हेतु ध्यान एवं

आध्यात्मिक को बहुत आवश्यक बताया था।

27. चेतनता:- यहां पर किसी कार्य को करने के दौरान व्यक्ति कितना सजग है? वह कितना जागरूक है? इस बात से संबंधित उत्तर दिया था।

28. भगवान की कृपा:- स्वामी जी ने किसी भी धर्म विशेष से जोड़ कर भगवान का जिक्र नहीं किया था। बल्कि श्री मां एवं श्री अरविंद द्वारा उल्लेखित एक ईश्वर का जिक्र करते हुए, उस ईश्वर की कृपा के बारे में समझाया था।

29. सहयोग:- यहां पर स्वामी जी ने मानवता के लिए सभी को सहयोग करने की बात कही थी। क्योंकि श्री मां भी सभी लोगों से यही विनती करती थी, कि दुनिया को बदलने के लिए क्या आप तैयार हैं? क्या आप हमारा सहयोग करेगें?

30. अंतहीन सीखने की अभीप्सा:- यहां पर स्वामी जी ने बड़ी लगन के साथ कोई भी नई चीज सीखने की चर्चा की थी। यानी इंसान के अंदर किसी चीज को सीखने की अभीप्सा अनंत काल तक जागृत रहनी चाहिए।

31. दिमाग:- यहां पर मनुष्य के दिमाग की बात की गई थी। मनुष्य को बुद्धिमान बता कर समझाया गया था, कि हमें किस प्रकार अपने दिमाग का इस्तेमाल करना चाहिए।

32. पहचान:- क्या हम अपने आप को पहचानते हैं? शायद हां! शायद नहीं! इसी आंतरिक द्वंद्व को समझाने के लिए स्वामी जी ने पहचान पर चर्चा की थी।

33. भगवान:- स्वामी जी ने भगवान का जिक्र किया था। इस शब्द के सभी लोगों के लिए अलग-अलग अर्थ हो सकते हैं। कोई व्यक्ति अपने माता पिता को भगवान मान सकता है, तो कोई प्रकृति को भगवान मान सकता है। कोई व्यक्ति किसी धर्म विशेष के कुछ परिकल्पित भगवानों में आस्था भी रख सकता है, अथवा जीवित लोगों को भी भगवान मान सकता है। लेकिन स्वामी जी ने यह समझाया था, कि असली भगवान की पहचान करो। वह प्रकृति में हर जगह है। प्रकृति की प्रत्येक चीज में उसका अंश है। उन्होंने बताया

कि समाज में नकली चीज़ें ज्यादा प्रसिद्ध हो जाती हैं, और असली चीजों को कोई जानता भी नहीं। कभी अपने अंदर भी झांक कर देखा करो शायद तुम्हें अपने अंदर ही भगवान मिल जाए।

34. पूर्णता:- स्वामी जी हमें यह बताना चाहते थे, कि जीवन में पूर्णता का क्या महत्व है।

35. भगवान से लड़ना सीखो:- एक प्रश्न का उत्तर देते समय स्वामी जी ने कहा कि भगवान से लड़ना सीखो अपने अधिकार प्राप्त करने के लिए आपको लड़ना होगा अन्यथा आप हमेशा के लिए पीछे रह जाओगे। उनकी यह बात मुझे थोड़ी सी अटपटी लगी। इसका अर्थ मैं अभी तक नहीं समझ पाया हूं।

36. दोहराव:- यहां पर स्वामी जी किसी बात के दोहराव का जिक्र कर रहे थे। यानी कि किसी काम की पुनरावृति होना।

37. एकात्मकता:- यहां पर स्वामी जी ने किसी भी कार्य को करने के दौरान सही फोकस रखने की बात कही थी। वही फोकस एकात्मकता होता है।

38. संदेह:- संदेह एक बहुत ही खतरनाक चीज़ है। संदेह के द्वारा बहुत सी जिंदगी बर्बाद हो चुकी है। स्वामी जी ने इस विषय पर भी हम लोगों को समझाया था।

39. अनचाहा बल:- यहां पर स्वामी जी ने अनडिजायरेबल फोर्स की बात की थी अर्थात जिस बल की आवश्यकता ना हो उस की बात।

40. अदृश्य बल:- यहां पर स्वामी जी ने अदृश्य बल अर्थात इनविजिबल फोर्स की बात की थी। इसके माध्यम से कोई कार्य सही भी हो सकता है, और गलत भी हो सकता है।

41. समर्पण:- यहां पर स्वामी जी ने किसी कार्य को करने के दौरान प्रयोग में लाए गए समर्पण की बात की थी।

42. आंशिक समर्पण:- यहां पर स्वामी जी ने समर्पण के दूसरे रूप अर्थात आंशिक समर्पण की बात की थी। इसका मतलब यह था, कि बहुत ही थोड़ा सा समर्पण।

43. पूर्ण समर्पण:- यहां पर स्वामी जी ने पूर्ण समर्पण की बात की थी अर्थात किसी कार्य को करने के दौरान पूर्ण रूप से समर्पित हो जाना।

उसकी अंतिम अवस्था तक उसी में डूबे रहना।

44. महाभारत:- स्वामी जी ने महाभारत को भी रेखांकित किया तथा यह समझाया कि हम सभी लोगों की जिंदगी के सुख-दुख का जाल एक प्रकार का महाभारत ही है।

45. आलस:- स्वामी जी ने यहां पर किसी मनुष्य के आलसी होने का जिक्र किया था। आलस अनेक प्रकार से मनुष्य की हालत को खराब कर देता है। आलसी मनुष्य हमेशा असफल होने के पश्चात अपनी किस्मत और ईश्वर को दोष देता है।

46. मनोवैज्ञानिक स्पष्टता:- यहां पर स्वामी जी ने मनोवैज्ञानिक स्पष्टता की बात की थी अर्थात मानसिक रूप से किसी बात को लेकर स्पष्ट होना।

47. आंतरिक ईश्वर:- इस विषय पर बोलते हुए स्वामी जी ने हमें आंतरिक ईश्वर को देखने की बात कही थी। उन्होंने बताया था, कि सभी बाहरी ईश्वर मिथ्या है, और आंतरिक ईश्वर सत्य है। इसीलिए सिर्फ आंतरिक ईश्वर को जानो और स्वीकार करो।

48. सत्यवादिता:- यहां पर स्वामी जी ने किसी इंसान के द्वारा सत्य के साथ किए जाने वाले क्रियाकलापों का वर्णन किया था। जब स्वामी जी सत्यवादिता पर अपना उत्तर दे रहे थे, तब मुझे गांधी जी की याद आ रही थी। क्योंकि उनका संपूर्ण जीवन भी सत्य और अहिंसा को समर्पित था।

49. परिस्थिति के अनुसार अनुकूलता अपनाना:- यहां पर स्वामी जी ने जीवन जीने के लिए विज्ञान में उल्लिखित अनुकूलता के सिद्धांत को अपनाने की बात कही। जब हम अनुकूलता के सिद्धांत का उल्लंघन करते हैं, तब हमें मुसीबतों का सामना करना पड़ता है। अंततः हम सफल नहीं हो पाते।

50. हिंसा और अहिंसा (दोनों आवश्यक है):- स्वामी जी ने यहां पर यह बताया था, कि जीवन में हिंसा और अहिंसा दोनों आवश्यक है। मैं इस बात को लेकर थोड़ा आश्चर्य में हूं। क्योंकि शायद ये बातें श्री अरविंद एवं श्री मां के द्वारा बताई गई बातों से मेल नहीं खाती है।

51. उलझन:- उलझन पर बोलते हुए स्वामी जी ने समझाया कि जब लोगों के दिमाग में बहुत सारे प्रश्न उठते हैं, तब वे उलझ जाते हैं। कभी-कभी उलझन उनके लिए फायदेमंद साबित हो सकती है, कभी-कभी नुकसानदायक भी।

52. घमंड:- घमंड इंसान को जीवित लाश बनाने के लिए पर्याप्त होता है। इसलिए इसे त्याग देना ही बेहतर है। इस पर भी स्वामी जी ने चर्चा की थी।

53. चेतना:- चेतना एक प्रकार की जागरूकता होती है। चेतना से युक्त मनुष्य गलती बहुत कम करता है।

54. जागृत:- इसका मतलब होता है, जागना। स्वामी जी हमें यह बताना चाहते थे, कि आप जीवन में जागृत होकर काम कर रहे हैं या फिर सो रहे हैं।

55. सुषुप्:- यह बिल्कुल जागृत का उल्टा होता है, अर्थात नींद में आदमी सोया रहता है। यानी कि निष्क्रिय रहकर कोई भी कार्य क्षेत्र किस नहीं करता।

56. क्षमता:- यहां पर स्वामी जी ने सभी प्रतिभागियों को अपनी अपनी क्षमताओं की पहचान कराने की कोशिश कर रहे थे। उन्होंने यह समझाने का प्रयास किया था, कि आप लोगों के अंदर असीमित क्षमता है, लेकिन आप लोग उस क्षमता को जान नहीं पा रहे हो।

57. प्रतियोगिता:- स्वामी जी ने प्रतियोगिता अर्थात कंपटीशन की बात भी की। उन्होंने बताया कि जीवन के प्रत्येक क्षेत्र में प्रतियोगिता है। इस प्रतियोगिता में सफलता प्राप्त करने के लिए आपको बहुत कुछ करना पड़ेगा।

58. अज्ञानता:- यहां पर स्वामी जी अज्ञानता की बात कर रहे थे। वे यह समझा रहे थे, कि अज्ञानता का परिणाम क्या हो सकता है? अज्ञानता का मतलब होता है, कि किसी भी चीज की सही जानकारी का ना होना।

59. परिवार:- प्रश्न उत्तर का सिलसिला इसी प्रकार जारी था। बीच में समाजशास्त्र का शब्द परिवार भी आ गया और स्वामी जी ने परिवार के ऊपर भी कुछ देर तक बातें की।

60. गीता:- स्वामी जी ने गीता के विषय में भी कुछ देर तक हम लोगों को समझाया।

61. रामायण:- स्वामी जी ने एक उतर के दौरान रामायण का भी जिक्र किया।

62. कृष्ण:- स्वामी जी ने एक प्रश्न का उत्तर देते समय कृष्ण का भी जिक्र किया।

63. अर्जुन:- स्वामी जी ने एक अन्य प्रश्न के उतर में अर्जुन का भी जिक्र किया।

64. ईश्वर:- स्वामी जी ने पहले भगवान शब्द के बारे में जानकारी दे दी थी। लेकिन इस बार उन्होंने ईश्वर शब्द का प्रयोग किया।

65. हम सब मां के बच्चे हैं:- एक प्रश्न का उत्तर देते समय स्वामी जी ने कहा कि हम सब श्री मां के बच्चे हैं। यही हमारी पहली और आखरी पहचान है।

66. परिवर्तनशील:- यहां स्वामी जी मनुष्य के बदलने के गुण पर प्रकाश डाल रहे थे। वे परिवर्तनशील मनुष्य के बारे में जानकारी दे रहे थे।

67. योग:- जहां श्री अरविंद का जिक्र हो, वहां योग का जिक्र होना तो स्वाभाविक ही है। क्योंकि श्री अरविंद ने योगा की जगह सामग्र योगा शब्द का प्रयोग किया है। स्वामी जी ने इस पर भी हमें काफी देर तक समझाया।

68. मुस्कान:- स्वामी जी ने सभी लोगों को मधुर सी मुस्कान अर्थात प्यारी सी हंसी के बारे में कुछ देर तक समझाया था।

69. स्थिर:- यहां पर स्वामी जी किसी व्यक्ति के स्थिर रहने की बात कर रहे थे।

70. गत्यात्मक:- यह शब्द हम अनेक जगह प्रयोग करते हैं। लेकिन मुख्य रूप से इस शब्द का अत्यधिक प्रयोग भौतिक विज्ञान में किया जाता है। स्वामी जी ने इस पर भी चर्चा की।

71. क्रिया प्रतिक्रिया:- बचपन में मैंने क्रिया प्रतिक्रिया का नियम विज्ञान में पढ़ा था। स्वामी जी ने इस पर भी चर्चा की। मुझे ऐसा लग रहा था, जैसे कोई मेरा रिवीजन करा रहा हो।

72. संदर्भ:- संदर्भ के विषय में स्वामी जी कुछ देर तक बोले थे।

73. प्रसंग:- प्रसंग के विषय में स्वामी जी कुछ नहीं बोले यह शब्द मैंने अपने आप ही लिख दिया है।

74. पांच इंद्रियां:- स्वामी जी ने मनुष्य की पांचों इंद्रियों का जिक्र भी किया था। उन्होंने बताया था, कि इन पांचों के योग से ही भगवान शब्द की रचना की गई है।

75. पत्थर:- पत्थर के विषय पर भी कुछ देर तक स्वामी जी ने विचार विमर्श किया।

76. जानवर:- स्वामी जी जानवरों के ऊपर भी बोले थे। उन्होंने यह बताया कि मनुष्य भी एक जानवर ही है। जब मनुष्य के अंदर काम की अभिलाषा जन्म लेती है, तब वह सामाजिक जानवर का रूप धारण कर लेता है।

77. इंसान:- यहां पर स्वामी जी ने इंसान के अस्तित्व की बात को बड़ी रोचकता के साथ रेखांकित किया था। उन्होंने श्री अरविंद एवं श्री मां के द्वारा प्रायोजित इंसान और वर्तमान अर्ध विकसित समाज के इंसान में भेद समझाया था। उन्होंने सभी लोगों से यह आग्रह किया था, कि आप लोगों को भी श्री अरविंद द्वारा निर्देशित चेतना युक्त उच्च मानव बनना है।

78. एक्सप्रेस करना:- इन शब्दों का मतलब होता है, किसी चीज को दिखाना या प्रदर्शित करना। स्वामी जी ने इस शब्द का अंग्रेजी में ही प्रयोग किया था।

79. नकारात्मक:- यहां पर स्वामी जी किसी मनुष्य के नकारात्मक विचारों की बात कर रहे थे। उन्होंने बताया कि नकारात्मकता इंसान को बर्बादी की ओर ले जाती है।

80. सकारात्मक:- यहां पर स्वामी जी ने सकारात्मकता के महत्व को समझाया था। उन्होंने बताया था, कि सकारात्मक मनुष्य जीवन में सफल होता है। वह प्राय: संतुष्ट भी रहता है।

81. बेस्ट एटीट्यूड:- इस शब्द के उच्चारण के बाद मेरे कान कुछ ज्यादा ही खड़े हो गए थे। क्योंकि मेरी प्री पीएचडी की कक्षा के कुछ शोधार्थी मुझसे इस विषय में बहुत ज्यादा बात कर चुके थे। मैं उनकी अधिकतर बातों को समझ नहीं पा रहा था। स्वामी जी ने एटीट्यूड

पर भी कुछ देर तक चर्चा की।

82. ग्रोथ:- स्वामी जी ने एक पेड़ का उदाहरण देते हुए ग्रोथ के विषय में कुछ देर तक चर्चा की।

83. एकाधिकार:- स्वामी जी ने एकाधिकार के बारे में भी चर्चा की थी। लेकिन मेरे याद नहीं है, कि उन्होंने इस बारे में क्या कहा था।

84. पूर्ण ज्ञान:- स्वामी जी पूर्ण ज्ञान के बारे में बोल रहे थे। उन्होंने बताया था, कि जिस दिन आप पूर्ण ज्ञानी हो जाओगे उस दिन आप झूठी प्रशंसा और झूठे संसार को छोड़ दोगे।

85. मन:- स्वामी जी मन पर बोलते समय गंभीर हो गए थे। उन्होंने कहा कि मन कुछ भी नहीं है। जो चीजें आपको अच्छी लगती है उन इच्छाओं के उत्पन्न होने को ही हम मन की इच्छा से परिभाषित करते हैं।

86. नौकर रखना है (मन को भी नौकर की तरह शिक्षित व प्रशिक्षित रखना है, ताकि वह हमेशा काम करें):- स्वामी जी ने मन को नौकर बनाकर रखने की बात कही है, ताकि शिक्षित और प्रशिक्षित नौकर की तरह हमारा मन भी चुपचाप हमारे लिए काम करता रहे। यह बात प्रज्ञान सर द्वारा बताए गए सिद्धांतों से पूर्णतः मेल नहीं खाती है। इसलिए मैं इस बात को मानने के लिए बिल्कुल भी तैयार नहीं हूं। क्योंकि यहां पर एक वर्ग विशेष की बात की गई है।

87. अचेतन:- यहां पर स्वामी जी ने अचेतन मनुष्य के रूप में कुछ देर चर्चा की थी।

88. सचेतन:- यहां पर स्वामी जी ने सचेतन मनुष्य के ऊपर कुछ देर तक चर्चा की थी।

89. ईश्वर पर संदेह नहीं करना चाहिए:- एक प्रश्न का उत्तर देते समय स्वामी जी ने कहा था, कि ईश्वर पर कभी भी संदेह नहीं करना चाहिए। ईश्वर का कभी भी प्रमाण नहीं मांगना चाहिए। ईश्वर पर संदेह करना हमें ईश्वर से दूर कर सकता है। क्योंकि ईश्वर प्रकृति में हर जगह है कण-कण में ईश्वर है। (यह प्रश्न मेरा ही था)

90. प्रयोग:- स्वामी जी ने यहां पर प्रयोग के बारे में बात की।

91. कोरोना:- कुछ देर तक कोरोना पर भी चर्चा हुई। स्वामी जी ने बताया कि जब इंसान प्रकृति के साथ ज्यादा छेड़छाड़ करता है, तब प्रकृति भी उससे बदला लेने के लिए कुछ अवश्य करती है। क्योंकि संतुलन का बना रहना आवश्यक है। कोरोना मानव सभ्यता के तथाकथित विकास का परिणाम ही है।

92. पृथ्वी की गंध की सफाई:- स्वामी जी ने शायद कोरोना काल में मास्क का प्रयोग करने से संबंधित बात कही थी। अत्यधिक औद्योगिक विकास और धार्मिक क्रियाकलापो के कारण नदियां प्रदूषित हो चुकी थी। इसलिए कोरोना काल के लोक डाउन से प्रदूषण काफी हद तक कम हुआ। शायद इसीलिए स्वामी जी ने पृथ्वी की गंध का जिक्र किया था।

93. अति मानव:- जहां पर स्वामी जी ने श्री अरविंद द्वारा बताए गए आदि मानव का जिक्र किया था।

94. अति:- अति हर चीज की बुरी होती है, तथा सभी चीजें बैलेंस होनी चाहिए।

95. स्वतंत्रता:- स्वतंत्रता को बरकरार रखना है। जीवन की पूर्णता आपकी सोच के ऊपर निर्भर होती है, अर्थात यदि आपने भगवान को पा लिया तो आप पूर्ण हो। इंसान एक सामाजिक जानवर (कामयुक्त इंसान) है। इस से ऊपर उठकर अपनी चेतना का विकास करना आवश्यक है।

96. विल पावर को स्ट्रांग करो:- स्वामी जी ने यहां पर हम सभी लोगों को अपनी विल पावर स्ट्रांग करने की बात कही थी।

97. रूपांतरण:- स्वामी जी ने जीवन के रूपांतरण पर भी कुछ देर तक भाषण दिया।

98. आंतरिक जीवित व जागृत इच्छा:- यह एक कठिन चीज थी। क्योंकि स्वामी जी आंतरिक जीवित और जागृत इच्छा की बात कर रहे थे, अर्थात एक ऐसी इच्छा जो स्क्रीन के अंदर है, वह जीवित भी है। उस इच्छा को पूरी करने के लिए इंसान का मन भी कर रहा है। लेकिन वह किसी सामाजिक, धार्मिक, राजनीतिक, आर्थिक या तत्कालिक बंधन के कारण उसे पूरा नहीं कर पा रहा है। मुझे यह कुछ कुछ प्रेम

विवाह की इच्छा रखने वाले अधिकतर लोगों की मूलभूत समस्या जैसी लग रही थी।

99. कठिनाईः- यहां पर स्वामी जी ने कठिनाई के बारे में चर्चा की।

100. परिस्थितिः- स्वामी जी परिस्थिति के ऊपर भी बात कर रहे थे। उन्होंने बताया कि किस प्रकार इंसान को परिस्थिति बदल सकती है। किस प्रकार परिस्थिति के कारण भी इंसान कुछ नया कर देता है।

101. अभाव आप को गति प्रदान करता हैः- अभाव एक ऐसी चीज है, जो किसी भी इच्छा युक्त प्राणी के जीवन में सामान्य होता है। खास तौर पर सामाजिक प्राणी होने के नाते मनुष्य को जीवन यापन के लिए रोटी, कपड़ा और मकान की मूलभूत आवश्यकता पड़ती है। जब ये आवश्यकताएं भी पूरी नहीं होती तब उस व्यक्ति की हालत बहुत खराब हो जाती है। ऐसे में इंसान अभाव की मार झेलता है। कुछ लोग अभाव के कारण बर्बाद हो जाते हैं, तो कुछ लोग अभाव से टकरा कर उसे जीवन को गति देने का उपकरण बना लेते हैं। स्वामी जी यहां पर उन सभी जागरूक एवं सचेत लोगों को समझाने का प्रयास कर रहे थे, कि अभाव गति हमें प्रदान करता है।

102. गुस्साः- गुस्से के ऊपर भी स्वामी जी ने कुछ देर तक बात की तथा यह बताया कि गुस्सा इंसान को परेशान कर सकता है। इसलिए गुस्सा त्याग देना ही बेहतर होता है।

103. बुद्धिः- इस बारे में स्वामी जी पहले बात कर चुके थे। सभी जीवो में इंसान ही अपने दिमाग का प्रयोग करता है, तथा उसी के पास बुद्धि होती है। इसीलिए इंसान को अपनी बुद्धि का प्रयोग सही कार्य के लिए करना चाहिए।

104. बुद्धः- यहां पर स्वामी जी ने गौतम बुध का जिक्र किया था, कि उन्होंने किस प्रकार ज्ञान की प्राप्ति की थी।

105. महावीरः- तुरंत बाद स्वामी जी ने महावीर स्वामी के बारे में चर्चा की तथा बताया कि किस प्रकार उन्होंने भी अपनी सारी सुविधाओं को त्याग कर सत्य को उजागर करने के लिए जंगल में जाकर करने लगे थे। उन्होंने सत्य ढूंढ भी लिया था (मैं सत्य के विषय पर और रिसर्च

करूंगा, क्योंकि मुझे संदेह होता है। लेकिन महावीर स्वामी का दर्शन वास्तव में उच्च कोटि का है)।

106. मौन:- स्वामी जी ने मौन रहने की शक्ति के बारे में हम लोगों को समझाया था। इस वक्त मुझे हमारे पूर्व प्रधानमंत्री डॉक्टर मनमोहन सिंह की याद आ रही थी।

107. एहसास:- स्वामी जी यहां पर एहसास के बारे में बात कर रहे थे।

108. नींद:- स्वामी जी ने नींद के बारे में भी चर्चा की।

109. शक्ति:- शक्ति एक अजीब सा शब्द है। विज्ञान में हम कैलोरी के साथ इसका प्रयोग किया करते हैं। लेकिन स्वामी जी ने यहां आध्यात्मिक शक्ति की बात की।

110. साधना:- साधना पर बोलते हुए स्वामी जी ने हमें एक ही कार्य को निरंतर करने की सलाह दी।

111. तपस्या:- तपस्या के विषय में स्वामी जी ज्यादा कुछ नहीं बोले। उन्होंने बस यह बताया कि, किसी भी काम को डूबकर करना ही तपस्या है।

112. ज्ञान:- स्वामी जी ने ज्ञान के ऊपर भी कुछ देर तक हम लोगों को समझाया।

113. महापुरुष:- इसी कड़ी में कुछ महापुरुषों को भी याद किया गया।

114. स्व-एहसास:- यहां पर स्व-एहसास की बात की गई। इस विषय पर मुझे ज्यादा कुछ याद नहीं है।

115. घुटन:- स्वामी जी ने यहां पर घुटन की बात की। घुटन से तात्पर्य आंतरिक घुटन जो इंसान को आगे बढ़ने नहीं देती और जीने भी नहीं देती। वह इंसान की खुशी भी छीन लेती है।

116. बंधन:- स्वामी जी ने बंधन के विषय पर भी बात की तथा हम लोगों को समझाया।

117. जंजीरे तोड़ दो:- स्वामी जी ने सभी प्रतिभागियों से आग्रह किया कि सभी जंजीरे तोड़ दो और अपने आप को सभी बंधनों से मुक्त कर लो। निश्चित तौर पर जीत आप लोगों की ही होगी।

118. जिंदगी का मकसद:- स्वामी जी ने जिंदगी के मकसद के ऊपर भी चर्चा की तथा जिंदगी में सभी लोगों को कोई ना कोई उद्देश्य या

लक्ष्य बनाकर चलने के लिए कहा। स्वामी जी ने बताया कि जिंदगी बिना मकसद के कुछ भी नहीं होती। स्वामी जी कह रहे थे, कि जिंदगी का मकसद पवित्र होता है। लेकिन अज्ञानी मनुष्य उसे भूल चुका है।

119. खुशी:- स्वामी जी खुशी पर भी कुछ देर तक बोले थे। उन्होंने खुशी को कई प्रकार से वर्गीकृत किया तथा हम लोगों को बताया कि खुशी के विभिन्न रूप निम्न प्रकार है:- आंशिक खुशी, अल्प खुशी, पूर्ण खुशी, अंतिम खुशी, व्यक्तिगत खुशी, सामूहिक खुशी और दिव्य खुशी।

120. ईमानदारी:- ईमानदारी पर भी स्वामी जी ने हम लोगों को काफी देर तक समझाया।

121. अपने आप को जानो तथा अपने लक्ष्य पर काम करो:- स्वामी जी ने हम लोगों को बताया कि आप सभी लोग अपने आप को जानो तथा उसके बाद अपने द्वारा चिन्हित किए गए लक्ष्य को प्राप्त करने के लिए मेहनत करो। जिस दिन तुम अपने आप को जान जाओगे, उस दिन तुम सफलता प्राप्त कर लोगे।

122. पैसा बहुत छोटी सी चीज है:- प्रश्न का उत्तर देते समय स्वामी जी ने कहां की पैसे बहुत छोटी चीज होती है। पैसा जीवन के लिए आवश्यक तो है, लेकिन सब कुछ नहीं है। इसलिए आप पैसे से ऊपर उठकर कुछ अच्छा सोचिए।

123. जिसके पास अच्छी चेतना है, वह इस धरती का राजा है। वह कुछ भी कर सकता है।

124. स्वामी जी द्वारा दिए गए उत्तरों में यह अंतिम उत्तर था। इसमें उन्होंने यह साफ कर दिया कि जिस व्यक्ति के पास अच्छी चेतना होती है, वह इस संपूर्ण पृथ्वी का राजा होता है। वह चेतना युक्त प्राणी कुछ भी कर सकता है।

नोटः- इसके अलावा स्वामी जी ने उत्तर देते समय दो सिद्धांत भी दिए:-

पहले मैं उन्होंने बताया कि इंसान सबसे पहले सीखता है, उसके बाद ग्रो करता है, और अंतिम चीज प्रोग्रेस कहलाती है।

Learn---Grow---Progress

दूसरे में उन्होंने बताया कि सबसे पहले इंसान के मन में विचार जन्म लेता है, उसके बाद वह विचार आदत में परिवर्तित होकर शरीर में प्रवेश कर जाता है, अंत में जाकर वही हमारी बुद्धि के सहयोग से इच्छा में तब्दील हो जाता है।

Idea (Mind)---Habits (Body)---Desire (Vital)

निष्कर्ष

स्वामी जी की कुछ बातें बेहद ही गूढ़ व रहस्यात्मक थी। अधिकतर प्रतिभागी मानसिक कसरत किए बिना ही उन बातों को सुन रहे थे। परिणाम स्वरूप अधिकतर प्रतिभागी थक चुके थे। मानसिक कसरत करने के बावजूद किसी हद तक मैं भी थक चुका था। अंत में प्रश्नोत्तर का दौर खत्म हुआ। फिर हम लोगों को लंच के लिए मुक्त कर दिया गया।

लंच एवं मेडिटेशन की लैबोरेट्री

मेडिटेशन की लैबोरेट्री की फोटो

लंच के बाद हम लोगों को स्वामी जी लाइब्रेरी के ठीक ऊपर एक वृत्ताकार कमरे में ले गए (शायद स्वामी जी द्वारा उसे मेडिटेशन की लेबोरेटरी बताया गया)। वह बिल्कुल अंडाकार शेप में बनी हुई थी। उसकी चारों तरफ कांच की खिड़कियां लगीं थी। उसमें कक्ष में आवाज करते ही आवाज गूंजती थी। उस कक्ष के बिल्कुल केंद्र में काले रंग का

एक वृत्ताकार पत्थर लगा हुआ था। उस काले पत्थर पर बैठकर आंखें बंद करने के पश्चात सभी लोगों को ओम का उच्चारण करना था। ऐसा करने से एक अजीब प्रकार की वाइब्रेशन उत्पन्न होती थी (क्योंकि हम लोगों की आवाज चारों तरफ टकराकर हमें ही सुनाई देती थी)। मुझसे पहले कुछ साथी अपना एक्सपेरिमेंट कर चुके थे। लेकिन वे सभी खड़े होकर कर रहे थे। जब मेरा नंबर आया तो मैंने बैठकर ओम का उच्चारण किया। सिर्फ़ 4 प्रतिभागियों को छोड़कर बाकी सभी ने इस प्रक्रिया को खड़े होकर ही किया। मेरे व्यक्तिगत अनुभव से सभी लोगों में सबसे अच्छा उच्चारण दो महिला प्रतिभागियों का था। पहली प्रतिभागी मनोरमा जो कि मथुरा से आई थी और दूसरी का नाम व स्थान मैं नहीं जानता। इस एक्सपेरिमेंट के बाद हम सभी लोग नीचे आ गए। इस सेशन के बाद हम लोगों को गंगा नदी दिखाने के लिए भेजा जाना था।

हमारी गंगा यात्रा:-

## हमारी गंगा यात्रा की छवि

यह एक अद्भुत यात्रा होनी थी। लेकिन अचानक मौसम खराब हो गया। मंद मंद और ठंडी ठंडी हवा चलने लगी। काले बादल की घटा ऊपर छाने लगी। बिल्कुल ऐसा प्रतीत हो रहा था, जैसे तेज बरसात आने वाली हो। शायद इसी वजह से कीर्ति मैम को हम लोगों की ज्यादा चिंता हो रही थी। उन्होंने हम लोगों को टी ब्रेक के बिना ही 3 लोगों की टीम के साथ लगभग 3:00 बजे आश्रम से गंगा नदी देखने के लिए भेज दिया। उन तीनों लोगों को 5:00 बजे तक सभी प्रतिभागियों को वापिस लाने की बात कही। उन लोगों में से एक सफेद दाढ़ी वाले परिपक्व एवं रहस्यमई आदमी ने कीर्ति मैम को चिंता ना करने की बात कही। उन्होंने मैम को आश्वस्त किया कि हम लोग 5:00 बजे तक आ जाएंगे। इसके बाद मैम ने हम सभी लोगों को जाने की अनुमति दे दी। अब हम लोग गंगा नदी को देखने चल दिए। वे तीनों वरिष्ठ लोग हम सभी लोगों को रास्ता दिखाने के कारण आगे आगे चल रहे थे। हम लोग एक जंगल नुमा क्षेत्र से गुजर रहे थे। एक दूसरे के पीछे होकर हम एक लंबी कतार में चल रहे थे। मुझसे आगे गुजर रही रुद्रपुर की एक महिला प्रतिभागी को जंगल नुमा क्षेत्र में कुछ रूपये पड़े मिले (शायद किसी के गिर गए होंगे)। कुछ ही देर बाद हम लोगों ने उस क्षेत्र को पार किया। फिर हम लोग एक ढलानयुक्त पक्की सड़क पर पहुंच गए। वहां पर जाकर कुछ प्रतिभागियों ने अपने मोबाइल से सेल्फी ली। कुछ ही देर में हम लोग ढलान वाली पक्की सड़क से नीचे उतरने लगे। इसी समय हल्की बरसात भी शुरू हो गई। बरसात के शुरू होते ही ठंडी ठंडी हवा और तेज चलने लगी। वैसे मुझे इन परिस्थितियों का आभास था। इसीलिए मैं एक टोपा ओढ़कर उसके ऊपर एक कपड़ा बांध दिया था और हाथ में ग्लाउज पहन लिए थे। मेरे मित्र आसिफ द्वारा 2019 में निर्मित नीले रंग के ट्रैक सूट पर कुछ बरसात की बूंदे पड़ी। लेकिन वे बहुत हल्की थी, इसलिए मेरा शरीर उनसे बचा रहा। नदी में पानी होने की संभावना से मैं दादी जी द्वारा दिए गए जलविरोधी जूतों को पहन कर आया था। अपने टोपे के नीचे दाएं कान में मैंने ब्लूटूथ

लगाई हुई थी। मैं संगीत सुनता हुआ उन बेहतरीन पलों का आनंद ले रहा था (वैसे तो प्रत्येक पल बेहतरीन होता है। लेकिन यहां पर मैंने हकीकत को थोड़ा सा काव्यात्मक रूप दे दिया है)। कुछ ही देर बाद हम लोग गंगा नदी के पास पहुंच चुके थे। नदी में बहुत थोड़ा पानी बह रहा था। वह आधे से भी ज्यादा सूखी हुई थी। उस पक्के रोड के अंतिम छोर पर एक मंदिर था (हिंदू धर्म से संबंधित)। कुछ प्रतिभागी उस मंदिर के अंदर बने रास्ते से गुजर कर गंगा नदी के सूखे क्षेत्र में प्रवेश कर चुके थे। मैंने जानबूझकर दूसरी ओर से नदी में प्रवेश किया। कुछ प्रतिभागी मेरे पीछे भी आ रहे थे। उन लोगों ने भी गंगा नदी में प्रवेश किया। मैं सब प्रतिभागियों से अलग गंगा नदी के धरातल पर पड़े हुए भिन्न भिन्न रंग एवं आकार के पत्थरों को अपनी पैनी नजरों से निहार रहा था। उन पत्थरों को देख कर मुझे पाषाण काल याद आ रहा था। बाकी सभी लोग मुझसे काफी दूर थे। कुछ लोग फोटो खींच रहे थे और कुछ लोग गंगा के बहते हुए जल के करीब बैठे हुए थे। वह दृश्य काफी अच्छा था। तब मंद मंद हवा तो बह रही थी, लेकिन बरसात बंद हो चुकी थी। सभी लोग गंगा नदी में घूम रहे थे। मैं कॉन्स्टेबल द्वारा दिए गए चाइनीज मोबाइल (रियल मी C5) से एक सेल्फी ले रहा रहा था। तभी मेरे पास एक पुरुष प्रतिभागी (शायद वह मुस्लिम था) आया। उसने मुझे कहा कि लाइए अपना मोबाइल दीजिए मैं आपका फोटो खींच देता हूं। मैंने उसे अपना मोबाइल दे दिया और उसने मेरी कुछ फोटो कैमरे में कैद कर दी। इसके बाद उसने मेरा नाम पूछा मैंने उसे बता दिया कि मेरा नाम समीर है। लेकिन उसने पूछा कि समीर के आगे सरनेम क्या लगाते हो? मैंने उत्तर दिया कि कुछ नहीं। इसके बाद वह साथी दूसरी तरफ चला गया। उसके जाते ही मैं फिर से उन छोटे छोटे पत्थरों को देखने लगा। मैंने नदी से छोटे-छोटे 6 पत्थरों को उठा लिया। वे मुझे काफी सुंदर लगे।

**मेरे द्वारा नदी से उठाए गए 6 पत्थरों का फोटो**

उनमें से दो पत्थर मैंने अपने गुरुजनों के लिए, एक अपने लिए और बाकी अपने घर के सदस्यों के लिए उठा लिए (इतिहास में पाषाण काल के अध्ययन के उपरांत किसी भी जगह पड़े पत्थरों को बड़े ध्यान से देखने की आदत बन चुकी है, ताकि उन पत्थरों की प्राचीनता को देखकर उस स्थल विशेष की प्रागैतिहासिक घटनाओं को जाना जा सके) । लगभग 4:30 बजे उन तीनों लोगों ने सभी प्रतिभागियों को आश्रम की ओर चलने के लिए कहा। धीरे-धीरे सभी लोग नदी से बाहर निकल गए। मैं सबसे पीछे था। इस बार सभी लोग मंदिर के अंदर बने रास्ते से ही

उस ढलान युक्त सड़क पर चढ़े। मैंने भी इसी रास्ते को चुना (क्योंकि दोनों और बहुत रेत पड़ी हुई थी) । बातें करते हुए सब लोग अपना सफर तय कर रहे थे। इस बार वे तीनों वृद्ध लोग सभी लोगों के पीछे चल रहे थे। पक्की सड़क की मुहाने पर कुछ बेरी के पेड़ थे। जिनसे कुछ महिला प्रतिभागियों ने बेर तोड़े और शायद खाए भी। इसके बाद हम लोग उसी जंगली रास्ते से वापिस आश्रम में सकुशल वापस लौट आए। मैं सीधे कमरे में चला गया। कुछ देर आराम करने के बाद हम लोगों को योगा हॉल में बुलाया गया। वहां पर अगली एक्टिविटी होने वाली थी।

## योगा होल में पेंटिंग कंपटीशन और सर्टिफिकेट वितरण

योगा होल में पेंटिंग कंपटीशन और सर्टिफिकेट वितरण की फोटो

योगा हॉल की मेज पर सभी प्रतिभागियों के सर्टिफिकेट और एक किताब सजाकर रखे गए थे। कीर्ति मैम ने सभी लोगों को एक-एक ड्रॉइंग शीट दी और उन्होंने बताया कि सभी प्रतिभागियों को अपने अपने अतीत को याद करना है। सभी को अपने अतीत की दुखद घटनाओं को उस ड्रॉइंग शीट पर पत्थर के रूप में और सुखद घटनाओं को फूल के रूप में चित्रांकित करना है। इस चित्र को बनाने के लिए हमें हमारी किट में दिए गए पैन का ही इस्तेमाल करना था। सभी लोग अपने अपने चित्र बनाने लग गए। मैं भी अपना चित्र बनाने लग गया। शुरुआत में मैं अपने अतीत को याद करने लगा, लेकिन मुझे अपना ध्यान वर्तमान में लाना था। क्योंकि अतीत की यादों के चक्कर में मेरा चित्र खराब हो सकता था।

इसके पश्चात "तारे जमीन पर" फिल्म के "रोहन" की भांति मैं अपना चित्र बनाने में डूब गया। सभी प्रतिभागियों ने बहुत ही क्रिएटिव चित्र बनाए थे। सभी लोगों ने अपने चित्रों के माध्यम से अपने अतीत की तमाम घटनाओं को उजागर किया। मैंने एक अजीब सा चित्र बनाया। जिसमें एक अजीब सा बड़ा फूल, दो झोपड़ी, कई छोटे-छोटे रास्ते, घास का मैदान, पर्वत, सूर्य, बादल, कुछ पेड़, झाड़ी, आसमान में उड़ते पक्षी एवं नीचे पड़े कुछ पत्थरों के चित्र को बनाया। बड़े फूल के मध्य में मैंने दो आंखें बना दी, क्योंकि मैंने विश्व मंदिर के एक कमरे के ऊपर दो आंखें देखी थी। खाना खाने वाले रूम में भी दो आंखें वाली फोटो लगी हुई थी। वे आंखे श्री मां की थी। उन आंखो का मतलब था, कि श्री मां आपको देख रही है। मैंने इसी बात से प्रेरित होकर श्री मां की प्रतीकात्मक आंखें उस फूल के मध्य में बना दी। इसके बाद कुछ लोगों ने एक दूसरे के एक्सपीरियंस को सभी के साथ साझा किया। अब डिनर का वक्त हो चुका था। इसलिए हम लोग ने अपनी लेखन सामग्री और पेंटिंग को योगा हॉल में रख कर डिनर के लिए चले गए।

डिनर

डिनर के तुरंत बाद हम लोग योगा हॉल में आए। इस बार हम लोगों को अपना अपना नाम देखकर सर्टिफिकेट और किताब का एक सेट उठाना था।

## YOUTH CAMP

This is to certify that

_Sameer_

participated in the

_3_ **Day camp for "Inner Awareness & Personal Growth"**

**Conducted by Sri Aurobindo Society**

at _Aurovalley Raiwala_ on _25 – 27 December 2021_

Camp Coordinator

_Chairperson / Secretary_

**Head Office:**
Sri Aurobindo Society - Society House, No.11 St. Martin Street, Puducherry - 605001

## मेरा सर्टिफिकेट

इसी दौरान मनोरमा से कीर्ति मैम ने कोई भजन सुनाने को कहा उसने काफी अच्छी आवाज में एक भजन गाया। जब वह भजन गाने में लीन थीं, उस वक्त अधिकतर प्रतिभागी मंत्रमुग्ध हो चुके थे। मैं स्वयं भी आश्चर्य में था। मुझे ऐसा एहसास हो रहा था, कि मानो तानसेन स्वयं हमारे बीच आ गए हो। फिर इसके बाद अन्ना सर ने एक गीत का गायन करवाया। वह गीत वर्तमान की तमाम समस्याओं को दूर करने के उद्देश्य से गाया गया था। उस गीत के द्वारा सभी प्रतिभागियों को पूर्ण रूप से चेतना युक्त बनाने का प्रयास किया गया था। वह गीत निम्न था: -

एक हमारी और एक उनकी मुल्क में हैं आवाजें दो,
अब तुम पर है कौन सी तुम आवाज सुनों तुम क्या मानो।
हम कहते हैं जात धर्म से इन्सा की पहचान गलत,
वो कहते हैं सारे इंसा एक है यह एलान गलत।
हम कहते हैं नफरत का जो हुक्म दे वो फरमान गलत,

वो कहते हैं ये मानो तो सारा हिन्दुस्तान गलत।

हम कहते हैं भूल के नफरत प्यार की कोई बात करो,

वो कहते हैं खून खराबा होता है तो होने दो।

एक हमारी और एक उनकी मुल्क में हैं आवाजें दो,

अब तुम पर है कौन सी तुम आवाज सुनो तुम क्या मानो।

हम कहते हैं इंसानों में इंसानों से प्यार रहे,

वो कहते हैं हाथों मे त्रिशूल रहे तलवार रहे।

हम कहते हैं बेघर बेदर लोगों को आबाद करो,

वो कहते हैं भूले बिसरे मंदिर मस्जिद याद करो।

एक हमारी और एक उनकी मुल्क में हैं आवाजें दो,

अब तुम पर है कौन सी तुम आवाज सुनो तुम क्या मानो।।

सामूहिक नृत्य

उपरोक्त गीत की समाप्ति के बाद हम लोगों ने वहां पर निम्न गीत/
भजन पर सामूहिक नृत्य किया:-

ये मत कहो खुदा से मेरी मुश्किलें बड़ी हैं,

इन मुश्किलों से कह दो मेरा खुदा बड़ा है।

आती हैं आंधियां तो कर उनका खैर मकदम,

तूफां से ही तो लड़ने खुदा ने तुझे गढ़ा है।

ये मत कहो खुदा से मेरी मुश्किलें बड़ी हैं,

इन मुश्किलों से कह दो मेरा खुदा बड़ा है।।


अग्नि में तप के सोना है और भी निखरता,

दुर्गम को पार कर के हिमालय कोई चढ़ाए।

लाएगी रंग मेहनत आखिर तुम्हारी इकदिन,

होगा विशाल तरुवर, वो बीज जो पड़ा है।

ये मत कहो खुदा से मेरी मुश्किलें बड़ी हैं,

इन मुश्किलों से कह दो मेरा खुदा बड़ा है।।


वो सर्व शक्तियों से जब साथ है हमारे,

हर काम उसके रहते हरदम हुआ पड़ा है।

कभी हारना ना, हिम्मत के कदम बढ़ाओ,
हज़ारों कदम बढ़ाने वो सामने खड़ा है।
ये मत कहो खुदा से मेरी मुश्किलें बड़ी हैं,
इन मुश्किलों से कह दो मेरा खुदा बड़ा है॥

कीर्ति मैम भी हम लोगों के साथ नृत्य कर रही थी (वास्तव में उस वक्त कीर्ति मैम बच्चों की खुशी के लिए खुद भी एक छोटे से बच्चे की भांति हम लोगों के साथ नृत्य कर रही थी) । इस नृत्य के माध्यम से अधिकतर लोग श्री मां की भक्ति में डूबे हुए थे (ऐसा लग रहा था, जैसे मीरा की आत्मा (मैं आत्मा की प्रमाणिकता की पुष्टि नहीं कर रहा हूं। इस शब्द का प्रयोग मैंने वाक्य को काव्यात्मक बनाने के लिए किया है) हम लोगों के अंदर समा गई हो) । सभी लोगों की मग्नता को देखकर मुझे एहसास हो चुका था, कि अब कैंप का समापन नजदीक है। शायद कीर्ति मैम इस नृत्य रूपी खेल के माध्यम से हमारे अतीत के अधिकांश दुखों को नष्ट करना चाहती थी। शायद यह अपने प्रकार का पहला और अंतिम प्रोग्राम था।

## अंतिम मेडिटेशन और दीया जलाने की एक्टिविटी

नृत्य समाप्त हुआ। इसके बाद हम सभी लोग बैठ गए। बीच हॉल के बीच में एक मोमबत्ती जला दी गई। सभी प्रतिभागियों को एक एक आधुनिक दीया दिया गया। इसके बाद कीर्ति मैम के द्वारा सभी को ध्यान की मुद्रा में आंखे बंद करके बैठने के लिए कहा गया। उन्होंने एक एलईडी बल्ब के अलावा होल की सारी लाइटे बंद करवा दी। उन्होंने बताया कि यह इस कैंप के दौरान अंतिम सामूहिक ध्यान है। जब तक आप चाहे बैठ सकते हैं। जब आपको लगे की आप का मस्तिष्क बिल्कुल शांत हैं, तो उठ कर मोमबत्ती के पास जाकर आप दीया जला सकते हैं। इतना कहते ही सभी लोग ध्यान की मुद्रा में बैठकर ध्यान मग्न हो गए। मैं भी ध्यान मग्न हो चुका था। उस हॉल के सन्नाटे में घंटे की सुइयों की आवाज भी सुनाई दे रही थी। वह भी एक अजीब लम्हा था। मैं काफी देर तक ध्यान मग्न होकर बैठा रहा। मैं जब आंखें खोलकर दीया जलाने के लिए गया तो एक को छोड़कर सभी लोग दीया जला चुके थे। इस कार्य के तुरंत बाद सभी लोग अपना सामान लेकर अपने अपने रूम में पहुंच

गए।

**मैंने योगा हॉल में स्थित मोबाइल से श्री अरविंद के फोटो लिए**

सोने से पहले मैं कीर्ति मैम से अनुमति लेकर योगा हॉल में पहुंचा। इस वक्त मोमबत्ती और दो दीए जल रहे थे, उनमें से एक मेरा और एक मेरे बाद वाला अंतिम दीया। योगा हॉल के अंदर श्री अरविंद के जीवन से संबंधित कुछ महत्वपूर्ण तस्वीरें लगी थी। मैंने हॉल में स्थित श्री अरविंद से संबंधित सभी तस्वीरों के फोटो ले लिए ( उन फोटो में श्री अरविंद के बचपन से लेकर अंतिम समय तक की जानकारी उपलब्ध थी। वह जानकारी मेरी सिनॉप्सिस और थीसिस को तैयार करने में मेरी काफ़ी सहायता कर सकती थी। मेरे कैंप के उद्देश्यों में ध्यान, एकांत और प्राकृतिक दृश्यों के अलावा श्री अरविंद से संबंधित सामग्री जुटाना भी था।

# 10
# 27 तारीख़ का दिन

श्रमदान और हरिद्वार यात्रा

श्रमदान की फोटो

अगली सुबह उठते ही हम लोग श्रमदान के लिए पहुंच गए (क्योंकि पिछली सुबह हम भूल गए थे) । श्रमदान करने के तुरंत बाद हम लोग अपने रूम में आ गए। श्रमदान के समय हम लोग निम्न गीत को गा रहे थे:-

हम होंगे कामयाब, हम होंगे कामयाब
हम होंगे कामयाब एक दिन

हो हो मन में है विश्वास

पूरा है विश्वास

हम होंगे कामयाब एक दिन।

हम होंगे कामयाब, हम होंगे कामयाब

हम होंगे कामयाब एक दिन

हो हो मन में है विश्वास

पूरा है विश्वास

हम होंगे कामयाब एक दिन।

होगी शान्ति चारों

होगी शान्ति चारों ओर

होगी शान्ति चारों ओर एक दिन

हो हो मन में है विश्वास

पूरा है विश्वास

होगी शान्ति चारों ओर एक दिन।

हम होंगे कामयाब, हम होंगे कामयाब

हम होंगे कामयाब एक दिन

हो हो मन में है विश्वास

पूरा है विश्वास

हम होंगे कामयाब एक दिन।

हम चलेंगे साथ साथ

डाले हाथों में हाथ

हम चलेंगे साथ साथ एक दिन

हो हो मन में है विश्वास

पूरा है विश्वास

हम चलेंगे साथ साथ एक दिन।

हम होंगे कामयाब, हम होंगे कामयाब

हम होंगे कामयाब एक दिन

हो हो मन में है विश्वास

पूरा है विश्वास

हम होंगे कामयाब एक दिन।

नहीं डर किसी का आज

नहीं भय किसी का आज

नहीं डर किसी का आज के दिन

हो हो मन में है विश्वास

पूरा है विश्वास

नहीं डर किसी का आज के दिन।

हम होंगे कामयाब, हम होंगे कामयाब

हम होंगे कामयाब एक दिन

हो हो मन में है विश्वास

पूरा है विश्वास

हम होंगे कामयाब एक दिन।

हम होंगे कामयाब, हम होंगे कामयाब

हम होंगे कामयाब एक दिन

हो हो मन में है विश्वास

पूरा है विश्वास

हम होंगे कामयाब एक दिन।

हम लोगों ने अपना अपना सामान तय करके बैग में रख लिया। इसके बाद सभी लोगों ने आश्रम में कैंप का अंतिम नाश्ता किया। नाश्ता करने के बाद सभी लोगों को स्वामी जी ने लाइब्रेरी में बुलाया। सभी लोगों को अपनी एक-एक पुस्तक प्रदान की। उन्होंने यह भी कहा कि अगर किसी को आश्रम में आकर रहना हो तो वह रह सकता है। उन्होंने बताया कि यह आश्रम सभी लोगों का है, और यहां पर अलग-अलग प्रकार के काम के लिए लोगों की आवश्यकता पड़ती रहती है। फिर स्वामी जी ने बताया कि 22 फरवरी 2022 को नई यूनिवर्सिटी का उद्घाटन किया जाएगा। यदि संभव हो तो उसमें भी आने की कोशिश कीजिएगा। स्वामी जी ने यह भी कहा कि अगर किसी के पास समय है, तो वह आश्रम में फरवरी तक अपनी सेवा दे सकता है (क्योंकि यूनिवर्सिटी के निर्माण में लोगों की आवश्यकता है)। इसके बाद हम लोगो के नाम और नंबर नोट कर लिए गए। हम लोग अपना सामान लेकर आश्रम से बाहर की तरफ चल दिए। बाहर 4 ऑटो रिक्शा खड़ी थी, जो हरिद्वार के लिए बुक की

गई थी। रिक्शा में जगह कम होने के कारण कुछ लोग बाहर खड़े ही थे। उसी वक्त एक और रिक्शा वहां पर कुछ मजदूरों को छोड़ने के लिए आई। उसे भी हम लोगों के लिए बुक कर लिया गया। कुल पांच रिक्शा के माध्यम से हम सभी लोग हरिद्वार के खैतान हाऊस पहुंचे। हरिद्वार पहुंचकर हम लोगो ने अपना सामान एक तरफ रख दिया और अपने जूते उतार दिए। उसके बाद हम लोगों ने चाय पी। चाय के साथ हमें केक भी दिया गया। चाय पीने के बाद हम लोग बिरला घाट पर पहुंचे और वहां पहले लड़कियों ने फिर कुछ लड़के साथियों ने स्नान किया।

मथुरा ग्रुप के साथ बिरला घाट की फोटो

फिर उसके बाद हम लोग बाहर घूमने गए। मैंने एक दुकान से 380 रूपये का एक बैग भी खरीदा (दुकानदार उस बैग की कीमत 550 रूपये बता रहा था। मैं 350 पर अड़ गया। अंत में 380 पर मोलभाव हुआ)। मैं हर की पौड़ी को देखने के लिए गया। क्योंकि वहां मैं पहले भी जा चुका था। हर की पौड़ी वाले पुल पर अधिक संख्या में असहाय वृद्ध महिला

और पुरुष भीख मांगने के लिए बैठे हुए थे। पुल से मुझे वैष्णो देवी का मंदिर भी दिखाई दे रहा था। इसके बाद मैं जल्दी ही वापस खैतान हाउस चला आया। मैं आकर कीर्ति मैम के पास बैठ गया। वहां अर्चना मैडम काफी नई जानकारी दे रही थी। मैं भी उन्हें सुन रहा था। तभी मथुरा ग्रुप ने आकर लंच किया। वह लोग सबसे पहले वहां से निकले, क्योंकि मनोरमा जी कह रही थी, कि उनकी ट्रेन का समय हो चुका है। फिर रुद्रपुर और मोहम्मदपुर वाले लोग सीधे ही रेस्टोरेंट में चले गए। मुझे भी भूख लग चुकी थी, मैं भी अन्ना जी के साथ रेस्टोरेंट पहुंचा। लंच करने के बाद सभी लोग तैयार हुए और जाने के लिए कीर्ति मैम से अनुमति ली। मैं भी मोहम्मदपुर ग्रुप के लोगों के साथ निकला और बस स्टैंड पर पहुंचा। वहां से मैंने सीधी मेरठ की बस पकड़ी और मैं अपने हॉस्टल आ गया।

# 11

# व्हाट्सएप ग्रुप की कन्वर्सेशन और 11 पृष्ठों का अनुभव पत्र

ग्रुप में अन्ना जी का मैसेज आया कि सभी प्रतिभागियों को कैंप के अपने-अपने अनुभव लिखकर मैसेज करना है। मैंने सोचा कि पहले मैं आराम करूंगा, उसके बाद इस कार्य को करूंगा। लेकिन उसके बाद एक अन्य वरिष्ठ व्यक्ति ने भी वही बात दोहराई (वॉइस मैसेज के द्वारा)। विशेष रूप से मोहम्मदपुर, मथुरा और मेरठ के सभी प्रतिभागियों को सचेत किया गया था (क्योंकि रुद्रपुर वालों के एक्सपीरियंस वह अपने वहां उन्हें श्री अरविंद सोसाइटी के आश्रम में बुलाकर पूछने या लिखवाने वाले थे)। उन्होंने कहा कि सभी के अनुभवों के प्रिंट की प्रतिलिपि रुद्रपुर के श्री अरविंद सोसाइटी आश्रम में भविष्य के लिए संजो कर रखी जाएगी। सभी के अनुभवों से एक पुस्तक की रचना की जाएगी। अपने अनुभव को लिखने से पहले मैंने प्रज्ञान सर से व्हाट्सएप पर अनुमति ली। इसके बाद अगले दिन 28 दिसंबर से मैंने अपने अनुभव रूपी पत्र को लिखना शुरु किया। उसके बाद मैंने शुरुआत से लेकर कैंप के अंत तक अपने अनुभव का एक मैक्रो प्रस्तुतीकरण प्रस्तुत किया। मेरी 11 पेज की अनुभव पत्र की पीडीएफ फ़ाइल 31 दिसंबर को बनकर तैयार हो

गई। मैंने अपने गुरुजनों एवं अपना फोटो (उन्होंने फोटो लगाने के लिए भी बोला था) लगाकर अपने अनुभव की पीडीएफ फाइल 31 दिसंबर को व्हाट्सएप के ग्रुप में साझा कर दी।

**अनुभव लिखने के बाद मन में उठ रहे अनेक सवाल**

अपना अनुभव लिखने के बाद मेरे मस्तिष्क में कई सवाल उठ रहे थे, जैसे मैंने घटनाओं का माइक्रो प्रस्तुतीकरण तो किया ही नहीं। क्या मैंने सत्य के साथ खिलवाड़ कर दिया है? इसलिए मैंने सोचा कि क्यों ना मैं अपनी खुद के अनुभव की एक पुस्तक ही लिख दूं। जिसमें मैं मैक्रो के साथ माइक्रो प्रस्तुतीकरण भी करूं। इसलिए मैंने अपने आपको इस यात्रा वृतांत को लिखने के लिए मानसिक और शारीरिक रूप से तैयार किया। अंततः मैंने मैक्रो के साथ-साथ माइक्रो एक्सपीरियंस को भी लिखने की हिम्मत जुटाई। क्या पता मेरे द्वारा लिखित यह छोटी सी पुस्तक भविष्य में आरो वैली आश्रम जाने वाले व्यक्तियों के साथ साथ शोधकर्ताओं के भी काम आए।

# 12

# व्हाट्सएप ग्रुप में धर्म और अध्यात्म बहस

व्हाट्सएप के ग्रुप में शायद कुछ साथी ज्यादा ही धार्मिक प्रवृति के थे। वे अपने मैसेज में किसी धर्म विशेष के प्रतीकों का इस्तेमाल बड़े आराम से करते थे। शायद वे भूल चुके थे कि वह ग्रुप श्री अरविंद एवं श्री मां के अध्यात्म को समर्पित है।

मुझे लगा कि इसके पीछे निम्न संभावनाएं हो सकती हैं: -

- वे लोग अनजाने में ऐसा कर रहे होंगे।
- उनसे गलती हो रही होगी।
- वे जान बूझकर ऐसा कर रहे थे।
- श्री अरविंद के दर्शन और अध्यात्म की आड़ में किसी धर्म विशेष की मान्यताओं की पुष्टि करने में लगे हुए होंगे।

क्या पता सच बात क्या थी? लेकिन मुझे यह बात बिल्कुल अजीब लगी। क्योंकि वह ग्रुप किसी भी धर्म विशेष के प्रचार-प्रसार के लिए नहीं बनाया गया था। वह श्री अरविंद सोसाइटी से संबंधित प्रतिभागियों को

सूचना देने के लिए बनाया गया था। श्री अरविंद एवं श्री मां किसी भी धर्म विशेष की बात नहीं करते थे। वे पूरी पृथ्वी को एक घर मानते थे। श्री अरविंद आधुनिक राष्ट्रों के समर्थक नहीं थे। वे बॉर्डर विहीन पृथ्वी की कल्पना किया करते थे। मेरे 11 पृष्ठ के एक्सपीरियंस को पढ़ने के पश्चात शायद एक सीनियर व्यक्ति ने 3 जनवरी 2022 को एक बहुत लंबा -चौड़ा मैसेज किया। उस मैसेज में उन्होंने एक धर्म विशेष की कुछ मान्यताओं को मानने को सही साबित करना चाहा। मैं चौंक गया, क्योंकि कुछ कम उम्र के बच्चे भी ग्रुप के सदस्य थे। उनके बाल मस्तिष्क पर इसका प्रभाव पड़ सकता था। इसलिए मैंने तुरंत एक प्रश्न पूछा, कि क्या श्री अरविंद और श्री मां किसी धर्म विशेष को समर्थन देते थे। तुरंत कुछ बच्चे और एक अन्य सीनियर उनके पक्ष में आए और मेरे मैसेज पर प्रतिक्रिया देने लगे। वे कहने लगे कि ये बात आपकी समझ में नहीं आएगी, आप बाद में समझेंगे। उन लोगों के उद्देश्य का तो पता नहीं लेकिन लेकिन मेरी समझ में इतना तो आ ही चुका था, कि मैं ज्यादा देर तक इस तरह के ग्रुप में नहीं टिक पाऊंगा। चूंकि मैं बहुत ज्यादा व्यस्त रहता हूं, इसलिए मेरे पास इतना अधिक समय नहीं रहता, कि बेवजह किसी के साथ बकवास करके अपना कीमती वक्त बर्बाद करूं। इसलिए मैंने ग्रुप में एक सीनियर व्यक्ति के मैसेज का उत्तर देने के पश्चात ग्रुप को ही छोड़ दिया। ग्रुप छोड़ने के कुछ देर बाद मेरी व्हाट्सएप पर एक प्राइवेट मैसेज आया। मैंने उनका नाम पूछा। उन्होंने मुझे बताया कि मैं वर्षा हूं। उस मैसेज में वर्षा जी मुझे यह कह रही थी, कि आपने ग्रुप क्यों छोड़ा? आप तो बिल्कुल सही कह रहे थे। आप परेशानियों का डटकर मुकाबला कीजिए। मैंने सबसे पहले उनको प्रणाम किया। फिर मैंने उन्हें बताया कि मेरे पास इतना समय नहीं रहता, कि मैं किसी भी व्यक्ति के साथ तर्क और तथ्यहीन बात करूं। मेरी रिसर्च का काम बहुत विशाल है, मुझे इस पर भी कार्य करना है। मैंने उन्हें यह भी बताया कि संसार के प्रत्येक व्यक्ति का मानसिक और बौद्धिक विकास बराबर नहीं होता। इसी कारण सभी लोग किसी भी घटना का मतलब अलग-अलग तरीक़े से निकालते हैं। फिर उन्होंने मुझे कुछ नहीं कहा। इसके पश्चात मैंने उन्हें प्रणाम कह कर व्हाट्सएप को बंद कर दिया। मेरा ख़ुद

का मानना यह है, कि किसी भी धर्मनिरपेक्ष इंसान को किसी भी गलत इंसान, विचार, उद्देश्य, या वस्तु के साथ ज्यादा देर नहीं रहना चाहिए, क्योंकि इसके दुष्परिणाम दीर्घकालिक होते हैं, और आगामी पीढ़ियों को भी समस्याऐं मुफ्त में देते हैं।

# 13

# अपने पवित्र अनुभव के को लिखने का दृढ़ निश्चय

मैंने बड़ी मेहनत के साथ अपने इन अनुभवों को लिपिबद्ध किया और अपने आप से ही एक वादा किया कि मुझे 1 सप्ताह के अंदर अपनी इस पुस्तक को प्रकाशित करना है। मैं अपने सभी अनुभवों को तथ्य एवं प्रमाण के साथ लिख चुका हूं। पुस्तक के लेखन में कहीं भी कोई त्रुटि अथवा कमी रह जाने पर आप मुझे ईमेल पर मेल या पुस्तक में लिखित पते पर पत्र के माध्यम से सूचित कर सकते हैं। सुभचिंतकों एवं आलोचकों के पत्र भी सहर्ष आमंत्रित है। इससे मैं अपने आगामी कार्य को और परिशुद्धता के साथ अच्छे से पूरा कर सकूंगा।

# 14

# कुछ निष्कर्ष रूपी प्रश्न और उनके उत्तर

अंत में मैंने कुछ प्रश्न तैयार किए हैं, जिनका उत्तर मैं अपने अनुभव के आधार पर लिख रहा हूं: -

**मैंने वहां क्या सीखा?**

सुबह से शाम तक प्रकृति की गोद में बैठने का एक अदा की अनुभव है। हिमालय पर्वत के समीप शांति एवं आध्यात्मिक ज्ञान की सच्चाई जानने के लिए औरोवैली आश्रम एक अच्छी जगह हो सकती है। श्री अरविंद एवं श्री मां द्वारा सामान्य लोगों को अति मानव के उद्देश्य को मैं समझ रहा हूं। मेरे अनुभव दूसरे लोगों से भिन्न है। भिन्न होंगे भी, क्योंकि यह यात्रा मेरे लिए किसी पिकनिक के जैसी नहीं थी। बल्कि मैं वहां पर एक ऐतिहासिक, आध्यात्मिक व दार्शनिक अध्ययन करने गया था। हमेशा मैं ऐसा ही किया करता हूं। क्योंकि इतिहास पढ़ते पढ़ते ऐसा करने की आदत पड़ चुकी है। इसी भी चीज के बारे में गंभीर चिंतन करना मेरी मजबूरी और आवश्यकता बन गई है। वास्तव में वहां पर मैंने बहुत कुछ सीखा है।

**मुझे क्या अच्छा लगा?**

शांत व स्वच्छ वातावरण में जीने का एक अलग ही आनंद है। आश्रम में हमें किसी भी प्रकार की असुविधा नहीं हुई थी। हमारे रहने खाने-पीने

की अच्छी व्यवस्था थी। सही मायनों में कहूं तो वहां की जिंदगी अपने गांव या मेरठ से भी बेहतर थी। लेकिन क्या वह जिंदगी सभी को प्राप्त हो सकती है?

शायद नहीं, क्योंकि उसी आश्रम से थोड़ी ही दूर कुछ लोग और रहते हैं। क्या उन लोगों को शांति की आवश्यकता नहीं पड़ती या फिर वह शांति को खरीद पाने के लिए सक्षम नहीं है? कारण कुछ भी हो, मैं ज्यादा वाद-विवाद में पढ़ना उचित नहीं समझता हूं। लेकिन अंततः मुझे वहां बहुत कुछ अच्छा लगा।

मुझे क्या बुरा लगा?

संपूर्ण कैंप के दौरान बहुत कम ही ऐसी चीज थी, जो मुझे बुरी लगी हो। खासतौर पर जब कोई किसी भी प्रकार के भेदभाव, किसी के समर्थन या विरोध की बात करता था, तब मुझे बुरा लगता था। कभी कभी तथ्य व तर्क विहीन वाद विवाद और भ्रामक सत्य के अलावा सब कुछ ठीक था।

कैंप का संचालन कैसा हुआ?

कैंप का संचालन बहुत अच्छे तरीके से हुआ। हमें किसी भी प्रकार की समस्या का सामना नहीं करना पड़ा। हमारे 3 दिन ऐसे बीते कि पता भी नहीं चला।

यदि कोई समस्या हुई हो तो उसे दूर करने के सुझाव क्या है?

मैं सुझाव के तौर पर एक ही बात कहना उचित समझता हूं, कि अध्यात्म को धर्म के साथ मिश्रित नहीं करना चाहिए। अगर कोई ऐसा करेगा या करने का प्रयास करेगा तो मेरे जैसे लोगों का अध्यात्म से भी विश्वास उठ जाएगा। आध्यात्मिक स्थल पर किसी भी धर्म विशेष के प्रतीकों, तस्वीरों या उद्बोधनात्मक शब्दों का प्रयोग ना करें तो बेहतर होगा। क्योंकि धर्म के प्रचार-प्रसार के लिए तो धर्म विशेष के तथाकथित पवित्र स्थल वैसे भी अपनी भूमिका निभाने में पीछे नहीं रहते।

# 15

# व्हाट्सएप ग्रुप की चैट एवं 11 पृष्ठ का अनुभव पत्र

इन सबके बावजूद अंत में मैं आप लोगों के समक्ष श्री अरविंद सोसाइटी के व्हाट्सएप ग्रुप में हुई कन्वर्सेशन के कुछ मुख्य मैसेज प्रस्तुत कर रहा हूं। 28 तारीख की सुबह लगभग 10:00 बजे अन्ना जी ने यह मैसेज किया: -

*"प्यारे युवा साथियों,*

*आप सभी से सादर आग्रह है, कि कल समाप्त हुए तीन दिवसीय युवा शिविर के अनुभवों को 1-2 पेज में लिखकर अपने एक पासपोर्ट साईज के फोटो के साथ साझा करने की कोशिश कीजिएगा। ताकि उसे ई-बुक या फिर प्रिंट बुक के रूप में छपवाने की कोशिश कर सकें। हमारे इस काम का उद्देश्य युवा शिविर की अवधारणा, प्रक्रिया और अनुभवों को भविष्य के लिए सहेजना है। ताकि हम आगे भी इसी तरह के और भी कार्यक्रम आप सभी के लिए आयोजित कर सकें। अपने अनुभव लेखन में आपको केवल आपके*

खुद के अनुभव, आपने जो बातें सीखी है, उसका जिक्र और कौन सी बातें आप अपने जीवन में अपनाने की सोच रहे हैं? उसके बारे में लिखना है। इसके अलावे अगर आपके पास कोई फोटोग्राफ हो तो आप उसे भी साझा कर सकते हैं। आप सभी साथी जितनी जल्दी और पर्याप्त मात्रा में सामग्री साझा करेंगें, उतनी ही जल्दी हम इस कार्य को पूरा करने की कोशिश करेंगें। क्यूंकि विलम्ब होने पर सच्चे अनुभव के बदले बनावटी अनुभव आने की संभावना बढ़ती जाती है।"

31 तारीख की सुबह लगभग 5:00 बजे मैंने अपने 11 पृष्ठ के एक्सपीरियंस लैटर की पीडीएफ फाइल व्हाट्सएप ग्रुप में अपलोड कर दी। एक्सपीरियंस लेटर की पीडीएफ फाइल को सेंड करने के पश्चात मैंने यह मैसेज किया: -

"मैंने श्री अरविंद सोसाइटी एवं रायवाला कैंप के अनुभव का एक छोटा सा मूल्यांकन रूपी अनुभव लिख दिया है। रुद्रपुर टीम के सदस्यों द्वारा डाक द्वारा अनुभव भेजने की बात कही गई थी। लेकिन मैंने पीडीएफ फाइल को भेजना उचित समझा। इससे मेरा समय और डाक के पैसे दोनों बच गए। मैं उम्मीद करता हूं कि रुद्रपुर टीम के वरिष्ठ सदस्य किसी इंटरनेट कैफे से इसका प्रिंट निकलवा लेंगे।
धन्यवाद।"

## मेरे द्वारा तैयार किया गया 11 पृष्ठ का अनुभव पत्र

अब आप लोगों के समक्ष मैं रुद्रपुर टीम को भेजे गए लैटर को पेश कर रहा हूं। संभवत: इस लैटर के बाद हमारे व्हाट्सएप ग्रुप में वैचारिक बहस छिड़ गई थी। आख़िर मैंने उस लैटर में ऐसा क्या दिखा था? जिससे कुछ लोगों को समस्याएं हुई। मैं आप लोगों के सामने अपने उस लैटर को पेश कर रहा हूं। वह लैटर इस किताब का बहुमूल्य अंग है। प्रस्तुत से वह रहस्यमई अनुभव पत्र: -

*"सेवा में,*

*रूद्रपुर शाखा,*

*श्री अरविंद सोसाइटी,*

*उधम सिंह नगर, उत्तराखंड,*

*भारत।*

*पिन कोड - 263153.*

श्री अरविंद एवं श्री मां के द्वारा निर्देशित मार्ग पर निष्पक्ष होकर चलने वाले प्रत्येक प्रबुद्ध प्राणी के समक्ष मैं अपनी पूर्ण चेतना से आत्मसमर्पण करना उचित समझूंगा। मैं उन सभी दिव्य आत्माओं के समक्ष नतमस्तक हूं, जो श्री अरविंद द्वारा निर्देशित उच्च मानवता की प्राप्ति हेतु सच्ची श्रद्धा एवं समर्पण के साथ निष्पक्षता पूर्वक प्रयास कर रहे हैं।[1]

शायद हमारी स्मृतियां ही हमारे इतिहास का निर्माण करती है, और हमारा इतिहास ही हमें हमारी सभ्यता एवं संस्कृति की पहचान कराता है। दरअसल भारत भूमि विश्व की प्राचीनतम उन्नत सभ्यताओं एवं संस्कृतियों में से एक महान सभ्यता का नेतृत्व करने वाली दिव्य प्रतिभाओं से परिपूर्ण रही है। वैदिक युग से लेकर आधुनिक प्रौद्योगिकीय युग तक भारत में अनेक ऐसे महापुरुष हुए हैं, जिन्होंने भारत समेत दुनिया के समाज को शाश्वत मार्ग दिखाने का अथक प्रयास किया है।[2] दुनिया के प्राचीनतम ग्रंथों में वेदों का जिक्र आता है, वेदों की रचना भी भारत में ही हुई थी। इसके बाद गौतम बुद्ध ने दुनिया को ऐसा अनोखा दर्शन दिया, कि विश्व के अनेक देश आज तक उसका अनुसरण कर कामयाबी की ओर बढ़ रहे हैं। महावीर स्वामी भी इसी काल में हुए। उन्होंने बुद्ध की भांति संसार की भौतिक सुख-सुविधाओं को त्यागकर लोगों से अलग रहते हुए एक संत बनकर दुनिया को पूर्ण अहिंसा का संदेश दिया था। फिर धीरे-धीरे अनेक धार्मिक अथवा आध्यात्मिक

गुरुओं ने तमाम क्षेत्रीय राजवंशों का नीतिगत नेतृत्व किया। इन गुरुओं के सानिध्य में अनेक ग्रंथों की रचना हुई। जिनमें चाणक्य का अर्थशास्त्र बड़ा प्रमुख ग्रंथ है। धीरे-धीरे मध्यकाल में संत रैदास, कबीर, गुरु नानक एवं सूफी संतों ने अपने दर्शन एवं आलोचना से तत्कालीन राजवंशों का नीतिगत नेतृत्व एवं मार्गदर्शन किया।

कालांतर में कुछ बुद्धिमान लोगों ने सम्भवत: लोगों को एकजुट रखने के लिए धर्म एवं ईश्वर के विचार को प्रस्तुत किया। दुनिया के अलग-अलग क्षेत्रों में बसे अधिकतर लोगों ने अपने क्षेत्र विशेष के नवोदित धर्म एवं ईश्वर की उपासना करना उचित समझा। सभी नवोदित धर्मों के पीछे एक ही उद्देश्य था, लोगों को एकजुट रखते हुए अपने राज्य (क्षेत्रीय इकाई) की आंतरिक सुरक्षा को सुदृढ करना। प्रत्येक महाद्वीप के अलग-अलग देश प्राय: किसी एक धर्म को आधार बनाकर युद्ध करते थे, ताकि उस क्षेत्र विशेष में रहने वाले लोगों की एकता विखंडित ना हो। क्षेत्र विशेष के लोगों की एकता ने भविष्य में नये राष्ट्रों के उदय होने का मार्ग खोल दिया, नवनिर्मित राष्ट्रों का नामकरण मुख्यत: नस्ल अथवा धर्म आदि से प्रेरित होकर किया गया। परंतु धीरे-धीरे धर्म के बिगड़ते स्वरूप ने संसार की मानवीय एकता को विखंडित करने में अहम भूमिका निभाई। औपनिवेशिक काल में साम्राज्यवादी लोगों के स्वार्थ की अंधी दौड़ तमाम मासूम लोगों के शोषण का कारण बनी। उस समय पश्चिमी देशों के औद्योगीकरण ने आधिकांश दुनिया के समाज और संस्कृति को बदल कर रख दिया था। संपूर्ण दुनिया आयात और निर्यात का बाजार मात्र बन कर रह गई थी। साम्राज्यवादी देशों ने अपने-अपने औपनिवेशिक क्षेत्र का तीव्रता से आर्थिक, मानवीय, पर्यावरणीय और सांस्कृतिक दोहन करना शुरु कर दिया तथा अन्य राष्ट्रों को उजाड़ कर अपने राष्ट्र को उन्नत करने की अमानवीय अभीप्सा की

प्राप्ति हेतु प्रयत्नशील रहें। औद्योगिक एवं औपनिवेशिक विनिमय की अंधी दौड़ में भारतीय समाज के आम जनमानस की जो दशा बिगड़ी उससे भारतीय लोगों की मानसिकता पर नकारात्मक प्रभाव पड़ा। चूंकि वर्तमान की भांति कालांतर में भी अधिकतर लोग भौतिक सुख-सुविधाओं में संलिप्त रहते थे, इसलिए वे यथार्थ से अपरिचित रहते हुए अज्ञानतावश अपनी दासता और शोषण को पुनर्जन्म का फल मानकर झेलते रहें।[3] लेकिन कुछ लोगों ने इस दासता और शोषण के मर्म व दर्द को समझकर इनसे मुक्ति पाने के लिए इनका विरोध किया। इसी कड़ी में कुछ उदारवादी और कुछ उग्रवादी लोगों ने अपने-अपने ढंग से औपनिवेशिक ताकतों का पुरजोर विरोध किया। तत्पश्चात कुछ क्रांतिकारियों के साथ राष्ट्रपिता महात्मा गांधी ने भी भारत को आजादी दिलाने के लिए अपना पूर्ण जीवन बलिदान कर दिया। आजादी मिलने के बाद तत्कालीन नेताओं के सामने 'भारत के आधिकांश लोगों एवं महिलाओं के खोए हुए सम्मान की पुनर्प्राप्ती' एक बड़ी चुनौती थी। इस समस्या का कुछ विशिष्ट लोगों ने समाधान निकालने का बीड़ा उठाया। इसके बाद डॉ० बी० आर० अंबेडकर ने विश्व के विशालतम लिखित संविधान की रचना करने में संविधान सभा की सहायता की। नवनिर्मित संविधान में भारत के समस्त लोगों को सामाजिक, आर्थिक और राजनीतिक न्याय दिलाने की व्यवस्था की गई थी। इसी संविधान के पद चिन्हों पर चलकर आज भारत विकास के नए कीर्तिमान स्थापित कर रहा है।

19वीं शताब्दी के अंतिम दशक में इंग्लैंड से पढ़ कर लौटा एक नवयुवक इस बात को समझ चुका था कि भारत के सोए हुए लोगों को जगाने के लिए भारतीय लोगों की चेतना को जागृत करना होगा और उनकी चेतना को जागृत करने के लिए उनको परम सत्य समझाना होगा और परम

सत्य को समझाने के लिए उन्हें समग्र शिक्षा देनी होगी।[4] अपने इन्हीं उद्देश्यों और सिद्धांतों की प्राप्ती हेतू उस नवयुवक ने निर्बोध लोगों को जगाने हेतू अपने जीवन की आहुति दे दी।[5] अपने जीवन में काफी कष्टों को सहने के बाद उन्हें पांडिचेरी को अपना नया घर बनाना पडा और वहीं उन्होंने अपने संपूर्ण जीवन को मानवता के लिए समर्पित कर दिया।[6] यही महापुरुष आगे चलकर श्री अरविंद कहलाए, मैं इन्हें हृदय से प्रणाम करता हूं।

जिस प्रकार कार्ल मार्क्स और एंगेल्स का जिक्र एक साथ किया जाता है, ठीक उसी प्रकार श्री अरविंद और श्री मां का जिक्र भी एक साथ ही किया जाता है, क्योंकि मार्क्स और एंगेल्स की भांति श्री अरविंद और श्री मां अविभाजित रूप से जुड़े रहें एवं इन महापुरुषों के इस जुड़ाव से प्राप्त विशुद्ध ज्ञान आज तक विश्व को चकाचौंध किए हुए हैं।[7]

प्रत्येक बच्चे के पूर्ण विकास में माता-पिता की बड़ी भूमिका रहती है, क्योंकि वे बच्चे को अच्छा वातावरण और अच्छे संस्कार दे सकते हैं। प्रारंभिक शिक्षा की जवाबदेही भी माता-पिता के ऊपर काफी हद तक रहती है। यदि माता-पिता स्वयं शिक्षित ना हो तो बच्चों के बिगड़ने की संभावना भी अधिक रहती है। किसी भी बच्चे के बिगड़ने का खामियाजा संपूर्ण समाज एवं मानवता को भुगतना पड़ता है। लेकिन हमें माता-पिता को पूर्ण दोष नहीं देना चाहिए, क्योंकि वे सांसारिक जिम्मेदारियों में बंधे रहते हैं। अपनी जिम्मेदारियों के निर्वहनोप्रांत शेष समय में वे बच्चों को अधिक समय नहीं दे पाते होंगे। किंतु घबराने की कोई बात नहीं है, क्योंकि इस समस्या का समाधान व्यवस्था में विद्यमान है।[8] उनकी इस परेशानी के उन्मूलन के लिए ईश्वर रूपी गुरु (प्राथमिक शिक्षा से लेकर उच्च शिक्षा तक) मौजूद है, बशर्ते माता-पिता बच्चों को गुरु तक पहुंचाने का कष्ट स्वयं करें। निसंदेह एक सच्चा गुरु अपने प्रत्येक

शिष्य को एक सच्चा और अच्छा मनुष्य बनाने के लिए हर संभव प्रयास करता है, बशर्ते शिष्य भी अपने सच्चे गुरु के प्रति पूर्ण समर्पण के साथ एक अच्छा मनुष्य बनने के लिए तैयार रहें।

मेरा जीवन भी सामान्य लोगों के जीवन जैसा ही रहा है। मेरे जीवन में मेरे माता-पिता के अलावा वक्त ने मेरा शिक्षक बनने की अहम भूमिका निभाई है और मैंने वक्त को शिक्षक मानकर बहुत कुछ सीखा भी है। उसके पश्चात बाल्यावस्था से ही मुझे तमाम सच्चे और अच्छे गुरु (भौतिक अथवा अभौतिक) मिलते रहें, जिनके सहयोग एवं आशीर्वाद से मैं विकसित होता रहा। लेकिन मेरी अंतहीन खोज अभी भी जारी थी, क्योंकि मुझे जिनकी तलाश थी वह मुझे नहीं मिले थे, अर्थात जो मेरी आत्मा (अन्वेषक मस्तिष्क) को शांति प्रदान कर सके, जो मुझे आंतरिक संतुष्टि (गूढ प्रश्नों के उत्तर) प्रदान कर सके (मेरे मस्तिष्क में बहुत से सवाल होते थे, मैं उन सवालों का उत्तर जानने के लिए एक अच्छे गुरु की तलाश कर रहा था)। मुझे उम्मीद थी कि वे मुझे जरूर मिलेंगे और मैं अंतहीन प्रयास करता रहा, अंततः मेरी कोशिश काम कर गयी और मैं सफल हुआ। जब मैंने वर्ष 2017 के जुलाई माह में दिगंबर जैन डिग्री कॉलेज बड़ौत, बागपत की एम॰ ए॰ इतिहास में प्रवेश लिया, तब मेरी मुलाकात मेरे ईश्वर रूपी गुरु डॉ॰ प्रज्ञान चौधरी एवं डॉ॰ शोकेंद्र कुमार शर्मा से हुई। प्रज्ञान सर एक सच्चे मानव होने के साथ-साथ श्री अरविंद एवं श्री मां द्वारा प्रदत पारलौकिक दर्शन के एक अच्छे जानकार थे। वे एक उत्कृष्ट इंसान होने के साथ-साथ एक इतिहासकार, दार्शनिक, समाजशास्त्री, मनोवैज्ञानिक, पुरातत्वविद, मानवविद, आध्यात्मिक विद्वान, पर्यावरणविद, समाज सेवी, प्रबुद्ध प्राणी, फिल्म निर्देशक, कॉरपोरेट और नॉन कॉरपोरेट क्षेत्र में कार्य कर चुके एक अनुभवी व्यक्ति भी थे।

कई बार मैंने देखा था कि श्री अरविंद की भांति प्रज्ञान सर भी कार्य पूर्ण करने के पश्चात उसका श्रेय स्वयं नहीं लेते थे। सर की आध्यात्मिक[9] क्षेत्र में भी पर्याप्त रुचि थी, परिणामवश उनकी टेबल पर कुछ आध्यात्मिक व दार्शनिक पुस्तकों का रखे रहना एक आम बात था। एक बार सर की टेबल पर (इतिहास विभाग, दिगंबर जैन डिग्री कॉलेज बड़ौत, बागपत) मैंने 2019 की अग्निशिखा का जून संस्करण देखा। मैं इतिहास विभाग में अकेला ही बैठा था, इसलिए मैंने सर की टेबल से उसे उठाकर पढ़ना शुरू कर दिया (मैं जानता हूँ कि वह मेरी गलती थी, क्योंकि बिना अनुमति के मुझे कुछ भी नहीं छूना चाहिए था। लेकिन हमेशा कुछ नया जानने की मेरी उत्कंठा ने मेरा नैतिक अनुशासन भंग कर दिया था)। सर के आते ही मैंने वह पुस्तक यथास्थान रख दी और सर को बताया कि यह पुस्तक बहुत अच्छी है। कुछ देर शांत रहने के बाद सर ने विनम्रता के साथ उत्तर दिया क्या तुम यह पुस्तक चाहते हो? मैंने नादानी से गर्दन नीचे की ओर झुका ली। फिर सर ने मुझे 'अग्निशिखा' के साथ 'द मदर' पुस्तक भी दे दी। उन्होंने शायद मेरी रुचियों एवं अभिलाषाओं को देखने के पश्चात ही मुझे 'द मदर' पुस्तक पढ़ने को दी। उस पुस्तक को मैंने पढ़ा शुरू किया लेकिन वो कुछ-कुछ समझ से परे थी (अब सामन्य लगती है)। ठीक इसी दौरान अग्निशिखा नामक मासिक पत्रिका को भी मैंने पढ़ना शुरू कर दिया। इसमें मुझे रुचि बढ़ने लगी और मैं जब भी समय मिलता तब अग्निशिखा को पढ़ने लगता। इससे मुझे कई फायदे हुए, एक तो समाज में व्याप्त अनेक बुराइयों एवं बुरे विचारों में भेद करने की कला उन्नत हुई, दूसरा मेरी हिंदी भाषा पर पकड़ अच्छी होती गई क्योंकि अग्निशिखा में छपें अधिकतर वाक्य हिंदी के गंभीर शब्दों से परिपूर्ण थे। इसके कुछ महीने बाद 2019 में ही श्री अरविंद सोसाइटी द्वारा

ऑरो यूथ कैंप का आयोजन किया जाना था, सर ने मुझे उसकी सूचना आयोजन से बहुत पहले ही दे दी थी। लेकिन उस समय मैं हापुड़ के शैक्षणिक प्रवास पर था, अतः कैंप में शामिल नहीं हो पाया। इसका मुझे बहुत पछतावा हुआ। लेकिन मेरे गुरु को इस बात की जानकारी एवं चिंता थी और उन्होंने अपने गुरु धर्म का बखूबी पालन किया एवं मुझे वर्ष 2021 के ऑरो यूथ कैंप के आयोजन की आकस्मिक सूचना 21 दिसंबर की रात लगभग 9:00 बजे फ़ोन पर दी। मेरे लिए आश्चर्य की बात यह थी कि मेरी वर्तमान दशा मुझे किसी भी यात्रा एवं पर्यटन से रोकना चाहती थी, फिर भी मैंने जाने के लिए तुरंत हां कह दिया। मेरे गुरु ने मेरी उस अदृश्य समस्या को भी स्वतः ही हल कर दिया।[10] उन्होंने मुझे प्रत्येक चिंता से मुक्त होकर कैंप (रायवाला, देहरादून) में जाने को कहा। उत्तर भारत की ओर हरिद्वार से आगे यह मेरी पहली यात्रा होनी थी। मैं खुशी-खुशी चौधरी चरण सिंह यूनिवर्सिटी, मेरठ के डॉक्टर भीमराव अंबेडकर हॉस्टल से 24 दिसंबर 2021 को दोपहर में मेरठ से सीधी ऋषिकेश की बस पकड़ी और रायवाला उतर कर ई रिक्शा के माध्यम से औरोवैली आश्रम तक पहुंचा। बस की लंबी यात्रा के दौरान मैं सो भी गया था। इसी बीच कीर्ति सरकार मैम एवं विजय कुमार जी की कॉल मेरे फोन पर बार-बार आ रही थी। मैंने इन्हें बस में होने की सूचना दी एवं उन्होंने मुझे रास्ता बताने में मेरी सहायता की। आश्रम पहुंचने में लगभग शाम के 5:00 बज चुके थे। मैं समय से थोड़ा लेट पहुंचा था। इसलिए कीर्ति सरकार जी के सामने मुझे पश्चाताप रूपी माफी मांगनी पड़ी, क्योंकि मेरी दीर्घ प्रतीक्षा करने के बाद उन लोगों ने कैंप की गतिविधियों को प्रारंभ कर दिया था। वैसे प्रज्ञान सर ने मुझे दोपहर 3:00 बजे से पहले एवं कीर्ति सरकार जी ने मुझे दोपहर 1:00 बजे तक आने के लिए बोला था। लेकिन यह मेरी ही भूल थी कि मैं देर से चला और मैंने

गलत बस को चुना, क्योंकि वह बस कई जगह काफी देर तक रुकी रही, जिससे मैं काफी लेट हो गया।

24 दिसंबर 2021 की शाम हमको कुछ निर्देश दिए गए एवं एक कविता सामूहिक रूप से पढ़ाई गई, जो निम्न थी:-

"चिड़िया का घोंसला"

सबसे पहले अंडे जैसा मेरे घर का था आकार,<br>
तब मैं यही समझती थी कि इतना सा ही है संसार।<br>
फिर मेरा घर बना घोंसला सूखे तिनकों से तैयार,<br>
तब भी यही समझती थी बस इतना सा ही है संसार।<br>
फिर मैं निकल गयी शाखों पर हरी भरी थीं जो सुकुमार,<br>
तब भी यही समझती थी कि इतना सा ही है संसार।<br>
लेकिन जब मैं आसमान में उड़ी दूर तक पंख पसार,<br>
तभी समझ में मेरी आया बहुत बड़ा है ये संसार।<br>
बहुत बड़ा है ये संसार.....

इस कविता के माध्यम से हम लोगों को यह बताया गया कि जब तक हम घर से नहीं निकलते तब तक हम अपने घर एवं आसपास की चीजों को ही दुनिया समझ बैठते हैं, लेकिन जब हम दुनिया को देखने के लिए घर से बाहर निकलते हैं तो समझ में आता है कि वास्तव में दुनिया बड़ी विचित्र और विशाल है। फिर शाम को 6:00 बजे हम मेडिटेशन हॉल में मेडिटेशन के लिए गए और वहां पर सभी साथियों ने मेडिटेशन की मुद्रा में बैठकर मैडिटेशन किया। उसके पश्चात हम लोग विश्व मंदिर में आ गए तथा एक घंटा आराम करने के बाद रात के 8:00 बजे सभी साथी खाना खाकर सोने के लिए अपने अपने कक्ष में पहुंच गए। अगले दिन सुबह 6:00 बजे से लेकर शाम के 9:00 बजे तक प्रोग्राम की सूची तैयार थी तथा सुबह योगा एवं एक्सरसाइज से शुरू करके क्रिसमस उत्सव पर हमारा पहला दिन समाप्त हुआ। ठीक इसी प्रकार 26 तारीख को भी हम लोगों ने कई प्रकार की प्रतियोगिताओं में हिस्सा लिया तथा अपनी आंतरिक

शक्ति को पहचानने का प्रयास किया। इस प्रयास में हम लोग अपनी चेतना को विकसित करने की अदम्य अभीप्सा को जागृत करने का प्रयास कर रहे थे। लेकिन सीमित समय में सभी प्रतिभागियों की आयु एवं अनुभव अलग-अलग होने के कारण सभी के द्वारा इस अभीष्ट लक्ष्य की प्राप्ती संभव ना थी। यदि प्रत्येक साथी सच्चा प्रयास करेगा तो वह अपने आप को अति मानव बनाने की लंबी यात्रा में ले जाकर सफल हो सकता है।[11] 26 दिसंबर को दीप प्रज्ज्वलन से पहले श्री अन्ना जी ने हम लोगों के साथ निम्न गीत का गायन किया: -

"शाश्वत सत्य का चुनाव"

एक हमारी और एक उनकी मुल्क में हैं आवाजें दो,
अब तुम पर है कौन सी तुम आवाज सुनों तुम क्या मानो..!
हम कहते हैं जात धर्म से इन्सा की पहचान गलत,
वो कहते हैं सारे इंसा एक है यह एलान गलत।
हम कहते हैं नफरत का जो हुक्म दे वो फरमान गलत,
वो कहते हैं ये मानो तो सारा हिन्दुस्तान गलत।
हम कहते हैं भूल के नफरत प्यार की कोई बात करो,
वो कहते हैं खून खराबा होता है तो होने दो।
एक हमारी और एक उनकी मुल्क में हैं आवाजें दो,
अब तुम पर है कौन सी तुम आवाज सुनो तुम क्या मानो..!
हम कहते हैं इंसानों में इंसानों से प्यार रहे,
वो कहते हैं हाथों में त्रिशूल रहे तलवार रहे।
हम कहते हैं बेघर बेदर लोगों को आबाद करो,
वो कहते हैं भूले बिसरे मंदिर मस्जिद याद करो।
एक हमारी और एक उनकी मुल्क में हैं आवाजें दो,
अब तुम पर है कौन सी तुम आवाज सुनो तुम क्या मानो।।[12]

वास्तव में यह गीत बहुत गूढ़ रहस्य लिए हुए था और इसको कोई भी व्यक्ति/समाज/देश पूर्ण रुप से समझकर अपने जीवन के आगामी फैसले लें तो शायद श्री अरविंद एवं श्री मां का उद्देश्य पूर्ण हो सकता है, इसके महत्व को फिलहाल कुछ लोग/समाज/देश ही समझ पाएंगे जैसे करेले की सब्जी कड़वी होने के कारण कम लोगों को ही अच्छी लगती है। यदि फिलहाल इस गीत के महत्व को नहीं समझा और अपनाया गया तो जिस प्रकार अपने ही आयुर्वेद पर लौटने के लिए भारत को लगभग कई शताब्दी लगे, ठीक उसी प्रकार लगभग कई सौ वर्ष बाद यह गीत पुनः याद किया जाएगा।

अंतिम दिन 27 तारीख की सुबह हम लोगों को कैंप में सुबह श्रमदान करना था तथा नाश्ते के उपरांत हरिद्वार के लिए निकलना था। हरिद्वार में कुछ साथियों ने बिरला घाट पर स्नान किया, कुछ साथियों ने शॉपिंग भी की (मैंने भी एक बैग खरीदा)। उसके बाद दोपहर तक सबसे पहले मथुरा ग्रुप, उसके बाद रुद्रपुर ग्रुप और फिर मोहम्मदपुर ग्रुप अपने-अपने घर जाने के लिए बस स्टैंड की ओर चल दिए। मैं भी मोहम्मदपुर ग्रुप के साथियों के साथ पैदल रास्ते में मस्त होकर जा रहा था। वैसे जाना तो मुझे रुद्रपुर के साथियों के साथ था, लेकिन वे लोग पैदल ना जाकर रिक्शा से गए थे, इसलिए मैंने मोहम्मदपुर ग्रुप के लोगों के साथ जाना ही उचित समझा। जाते समय उन लोगों के साथ बात करने में मैं इतना मग्न हो गया था कि मोहम्मदपुर ग्रुप के साथ उन्हीं के मार्ग पर आगे बढ़े जा रहा था, फिर उन्हीं में से किसी ने मुझे याद दिलाया कि तुम्हारा रास्ता दूसरा है, फिर मैं आश्चर्यचकित होकर वापस अपने रास्ते की ओर चला गया। बस स्टैंड पर पहुंच कर मैंने हरिद्वार से मेरठ की बस ली एवं बस ने मुझे मेरठ में शाम 6:00 बजे के आसपास सोहराब गेट बस स्टैंड पर उतारा जहां से ई रिक्शा पकड़कर

मैं अपने हॉस्टल पहुंचा।

उपरोक्त विवरण केवल यात्रा वृतांत तथा संस्मरण था। इस विवरण में मैंने अपने अनुभव एवं घटनाओं का मैक्रो प्रस्तुतीकरण किया है, लेकिन यदि माइक्रो प्रस्तुतीकरण करूं तो कुछ और भी गम्भीर सच्चाई सामने आ सकती है। दरअसल श्री अरविंद एवं श्री मां द्वारा पांडिचेरी में स्थापित औरोविले शहर का उद्देश्य अबोध मानव की चेतना का विकास करना था।[13] परंतु मानव का इस उद्देश्य से भटकते ही श्री अरविंद द्वारा स्थापित परम सत्य तक पहुंचना बहुत कठिन हो सकता है। दरअसल हम लोग संसार के ऐसे वक्त में जी रहे हैं जहां पर अलग-अलग देश, अलग-अलग नस्ल, अलग-अलग जाति, अलग-अलग धर्म, अलग-अलग भाषा, अलग-अलग संस्कृति, अलग-अलग खान-पान एवं अलग-अलग वेशभूषा आदि विद्धमान है। इसका मूल कारण लोगों की सामाजिक, आर्थिक, राजनीतिक, धार्मिक, सांस्कृतिक, ऐतिहासिक तथा भौगोलिक परिस्थितियों की भिन्नता है। इन विभेदों के कारण सभी लोगों में एकता स्थापित करना बड़ा दुष्कर कार्य है। प्राचीन काल से ही भारतीय समाज में जाति व्यवस्था भारत की सामाजिक एकता के सामने एक विशाल संकट बनकर खड़ी हुई है। शायद कुछ मनुष्यों ने अपने भौतिक सुखों की आपूर्ति हेतु लोभ वश धर्म के साथ अनैतिक खिलवाड़ किया और कोई ऐसी स्वार्थपूर्ण चाल चली जिससे समाज में ऐसी ही अनेक कुप्रथाओं ने जन्म लिया, ये कुप्रथाएं समाज में दरार पैदा करने के लिए पर्याप्त थी। श्री अरविंद ने इन सभी समस्याओं को समझा व अध्ययन किया एवं जात-पात, धर्म तथा राष्ट्रीयताओं से ऊपर उठकर उन्होंने एक ऐसे दिव्य प्रेम और समानता रूपी दर्शन की स्थापना की जो पृथ्वी के सभी मनुष्यों की दिव्य एकता में बंधने की शिक्षा देता है। ये सिद्धांत मनुष्य की चेतना

को विकसित करके उसे सामान्य मानव से अति मानव बनाने वाले आध्यात्मिक ज्ञान को प्रस्तुत करते हैं। वास्तव में अध्यात्म धर्म से बिल्कुल अलग होता है और होना भी चाहिए (लेकिन कुछ लोग बड़ी चालाकी से अध्यात्म और धर्म में तादात्म्य स्थापित करने की कोशिश में लगे हुए हैं) क्योंकि प्राचीन काल से आधुनिक काल तक हम मानव जाति के ऐतिहासिक अनुभव से धर्म द्वारा प्रत्यक्ष या परोक्ष रूप से पैदा की गई अनेक गंभीर समस्याओं को देख सकते हैं। धर्म अथवा ईश्वर को केंद्र में रखकर कई वर्षों तक लंबे युद्ध लड़े गए तथा इन युद्धों में संसार के लाखों मासूम लोगों को मौत के घाट उतार दिया गया। आज भी ऐसे तमाम कट्टरवादी संगठन और लोग प्रत्यक्ष या परोक्ष रूप से ऐसे घिनौने कार्य करते रहते हैं।[14] लेकिन श्री अरविंद एवं श्री मां का उद्देश्य अपने सभी नादान बालकों को सही रास्ता दिखाने का था, ताकि उनके बच्चे कोई गलती ना दोहराएं तथा एक सामान्य मानव से परे अपनी बुद्धि का सदुपयोग करके एक उत्कृष्ट मानव बनने का प्रयास करें। ईश्वर ने हमें पूर्ण चेतनायुक्त बनाया था, लेकिन बीच में स्वार्थ और लालच की दीवार इतनी बड़ी हो गई कि हम उत्कृष्टता की तरफ़ जाने की बजाय निकृष्टता की ओर चल पडे। लेकिन अब चीजें बदल रही है और धीरे-धीरे लोग जाग रहे हैं और सुषुप्त अवस्था से इंसान जागृत अवस्था की सचेतन दौड़ में पूर्ण अंधकार को मिटाकर पूर्ण प्रकाश की ओर बढ़ रहा है।[15]

कैंप में मैंने बहुत से नए साथियों को पाया। कुछ की उम्र कम थी, कुछ हमउम्र भी थे, कुछ लड़के थे एवं कुछ लड़कियां। अधिकतर साथी बहुत अच्छे थे, कुछ साथी बड़े नटखट थे, तो कुछ बड़े नादान भी थे। कुछ साथी इस अचेतन समाज की भ्रामक व कुंठित सत्यता का शिकार भी थे, तो कुछ इस दुनिया के तमाम रीति रिवाजों व परंपराओं

से अनभिज्ञ।[16] फिर भी खुशी की बात यह थी कि सभी साथी एक ऐसे मंच पर उपस्थित थे, जो मंच उन्हें एक बेहतर और अच्छा इंसान बनने की प्रेरणा और अवसर दे सकता था। शायद श्री अरविंद एवं श्री मां का सपना उस दिन पूर्ण हो जाएगा जिस दिन हम सब लोग श्री अरविंद के आध्यात्मिक उद्देश्य को बड़ी बारीकी से समझकर उसे अक्षरशः अपने जीवन में उतार लेंगे। श्री अरविंद किसी भी धर्म या जाति का जिक्र नहीं करते हैं, ना आलोचना करते हैं और ना ही समर्थन। इसीलिए श्री अरविंद एवं श्री मां द्वारा बताए गए पूर्ण सत्य की ओर जाने वाले सचेतन लोगों को यह ध्यान रखना चाहिए कि हम समस्त नियमों का ठीक प्रकार से पालन करें, क्योंकि एक छोटी सी भूल भी व्यवस्था को विकृत कर करती है।[17]

### मेरे गुरू एवं प्रोफेसर

*Dr. Pragyan Choudhary*
*{M.A., M.Phil, Ph.D., UGC JRF}*
*Associate Professor,*
*(Head of Department)*
*Department of History,*
*Digambar Jain (P.G.) College,*
*Baraut, Baghpat,*
*Uttar Pradesh,*
*India.*
*Pin Code – 250611.*
*Chaudhary Charan Singh University, Meerut,*
*Uttar Pradesh, India.*
*Pin Code – 250004.*
*Dr. Shokendra Kumar Sharma*
*{M.A. (Gold Medalist), M.Phil, Ph.D, UGC NET}*
*Assistant Professor,*

*Department of History,*
*Digambar Jain (P.G.) College,*
*Baraut, Baghpat,*
*Uttar Pradesh,*
*India.*
*Pin Code – 250611.*
**Chaudhary Charan Singh University, Meerut,**
**Uttar Pradesh, India.**
*Pin Code – 250004.*

मेरा (कैंप का प्रतिभागी) परिचयः-

*Mr. Sameer*
*{M.A. (Gold Medalist), UGC JRF}*
*Research Scholar (Ph.D.),*
*Department of History,*
*Digambar Jain (P.G.) College,*
*Baraut, Baghpat,*
*Uttar Pradesh,*
*India.*
*Pin Code – 250611.*
**Chaudhary Charan Singh University, Meerut,**
**Uttar Pradesh, India.**
*Pin Code – 250004.*

दिनांक:- 31/12/2021

श्री समीर
फतेहपुर चक,
बड़ौत, बागपत,
उत्तर प्रदेश, भारत।
पिन कोड- 250623.

[1] " शाश्वत सत्य, किसी भी धर्म या पंथ या शास्त्र या विचार या दर्शन इन सब से बड़ा है।" श्रीअरविंद

[2] वही।

[3] लक्ष्यहीन जीवन हमेशा एक परेशान जीवन होता है। प्रत्येक व्यक्ति का एक उद्देश्य होना चाहिए। लेकिन यह मत भूलो कि आपके उद्देश्य की गुणवत्ता आपके जीवन की गुणवत्ता पर निर्भर करेगी। आपका उद्देश्य उच्च और व्यापक, उदार और उदासीन होना चाहिए; यह आपके जीवन को अपने और दूसरों के लिए अनमोल बना देगा। जो भी आपके आदर्श हैं, यह पूरी तरह से महसूस नहीं किया जा सकता है जब तक कि आप अपने आप में पूर्णता का एहसास नहीं करते हैं। श्रीअरविंद

[4] तुम लोग जड़ पदार्थ, मैदान, खेत, वन-पर्वत आदि को ही स्वदेश कहते हो, परन्तु मैं इसे 'माँ' कहता हूँ। श्रीअरविंद

[5] श्री अरविंद धरती पर कोई शिक्षा या मत लेकर पुरानी शिक्षाओं या मतों के साथ प्रतियोगिता करने नहीं आए। वे आए हैं अतीत को पार करने, ठोस रूप से नजदीक आते हुए अनिवार्य भविष्य का मार्ग खोलने। श्रीमां

[6] वैराग्य ही प्रभुत्व की शुरुआत है। श्रीअरविंद

[7] मानव प्रेम की सर्वोच्च स्थिति है.... दो शरीरों में एक आत्मा। श्रीअरविंद

[8] कोई किसी को सिखा नही सकता हैं, जब खुद में इच्छा जागती है तभी कोई सीख पाता हैं। श्रीअरविंद

[9] "आध्यात्मिकता वास्तव में भारतीय मन की प्रमुख कुंजी है; अनंत की भावना यहां जन्मजात है।" श्रीअरविंद

[10] अपना अंदरूनी जीवन जियो, यह बाहरी घटनाओं से डगमगाना नहीं चाहिए। श्रीअरविंद

[11] सच्चा ज्ञान सोचने से नहीं मिलता है। यह वही है जो तुम हो; यह वही है जो आप बन जाते हैं। श्रीअरविंद

[12] यदि कोई धर्म सार्वभौमिक नहीं है, तो वह शाश्वत नहीं हो सकता है। एक संकीर्ण धर्म, एक सांप्रदायिक धर्म, एक विशेष धर्म केवल सीमित समय और सीमित उद्देश्य

के लिए रह सकता है। श्रीअरविंद

[13] जो ईश्वर से प्रेम करता है उसे अपने प्रेम की वस्तु हर जगह दिखाई देती हैं। श्रीअरविंद

[14] यदि कोई धर्म सार्वभौमिक नहीं है, तो वह शाश्वत नहीं हो सकता है। एक संकीर्ण धर्म, एक सांप्रदायिक धर्म, एक विशेष धर्म केवल सीमित समय और सीमित उद्देश्य के लिए रह सकता है। श्रीअरविंद

[15] पहली और सबसे अच्छी जीत स्वयं को जीतना है। प्लेटो

[16] हमारा वास्तविक शत्रु कोई बाहरी ताकत नहीं है, बल्कि हमारी खुद की कमजोरियो का रोना, हमारी कायरता, हमारा स्वार्थ, हमारा पाखंड, हमारा पूर्वाग्रह है। श्रीअरविंद

[17]अनुशासनहीनता बुद्धिमान लोगों को भी विफलता की ओर धकेल देती हैं। श्रीअरविंद"

# 16

# व्हाट्सएप ग्रुप की चैट

3 जनवरी 2022 की सुबह 10 बजे ग्रुप में अन्ना जी का ये मैसेज आया:-

"जैसे घर में रोज झाड़ू लगाई जाए तो घर साफ रहता है, अन्यथा कचरा तो हवा में उड़ कर प्रतिदिन बिना बुलाए आता ही है, जिससे घर गंदा होता रहता है।

इसी प्रकार से व्यक्ति के मन में संसार की वस्तुओं को देखकर, काम, क्रोध, लोभ, ईर्ष्या, द्वेष, अभिमान आदि दोषों का कचरा तो रोज़ बिना बुलाए आता ही है। यदि आप अपने मन की शुद्धि नहीं करेंगे, तो यह कचरा धीरे-धीरे बढ़ता जाएगा। और एक दिन इतना बढ़ जाएगा, कि आपका जीना भी कठिन हो जाएगा। सारी शांति भंग हो जाएगी। आनंद, उत्साह, निर्भयता, प्रेम, सेवा, दया इत्यादि गुणों को ये कचरा दबा देगा। और इन उत्तम गुणों के दब जाने से, उस कचरे के इन गुणों पर हावी हो जाने से, आप अच्छी प्रकार से नहीं जी पाएंगे।

आज सारे संसार की लगभग यही स्थिति है। लोग इस कचरे की शुद्धि नहीं करते। असली ईश्वर की भक्ति

उपासना नहीं करते। कुछ लोग करते भी हैं, तो गलत तरीके से करते हैं। वे असली ईश्वर को समझते ही नहीं, कि वास्तव में ईश्वर का सही स्वरूप क्या है? जो ईश्वर नहीं है, उसे ईश्वर मानकर बैठे हैं। और उसकी भक्ति, उपासना, पूजा करते हैं। उससे कोई लाभ नहीं होता। जैसे मधुमक्खी यदि प्लास्टिक के फूलों पर बैठे, तो उसे वहां से असली रस नहीं मिलता, जो बगीचे में असली फूलों पर बैठने से मिलता है। बिल्कुल इस दृष्टांत के अनुसार आज संसार के लोग नकली ईश्वर की पूजा कर रहे हैं। तो सोचिए वह लाभ कैसे मिलेगा, जो असली ईश्वर की पूजा, भक्ति, उपासना करने से मिलता है?

अतः असली ईश्वर को पहचानें। अपने अंदर उत्तम गुणों की, उत्तम संस्कारों की स्थापना करें। जैसे कि वेदों को पढ़ना, ऋषियों के ग्रंथ पढ़ना, असली ईश्वर = निराकार, सर्वशक्तिमान, न्यायकारी, आनंदस्वरूप ईश्वर की उपासना करना, अपने घर में प्रतिदिन यज्ञ, हवन करना, बच्चों की अच्छी प्रकार से देखभाल करना, उनको भी यही अच्छे संस्कार देना, मन की शांति को मुख्य मानना, चरित्र को मुख्य समझना, और धन संपत्ति एवं भोगों का मूल्य इनकी तुलना में कम समझना, धन प्राप्ति के लिए कम पुरुषार्थ करना, और चरित्र की सुरक्षा के लिए अधिक पुरुषार्थ करना इत्यादि उत्तम गुणों को, अच्छे संस्कारों को यदि आप धारण करेंगे, तो आपके मन की शुद्धि होती रहेगी, और आप शांति पूर्वक अपना जीवन जी सकेंगे। अन्यथा संसार की स्थिति बहुत खराब है। प्रतिदिन रेडियो टेलीविजन आदि के द्वारा, संसार की खराब स्थिति से आप अच्छी प्रकार से परिचित होते ही रहते हैं।"

मैंने इस मैसेज का यह रिप्लाई दियाः -

"इस संदेश में अच्छा बनने के लिए वेदों को पढ़ना, ऋषियों के ग्रंथो को पढ़ना अथवा यज्ञ करना आदि बातें कही गई है। लेकिन ये बातें किसी एक धर्म विशेष से ही संबंधित प्रतीत होती है।

यद्धपि भारत अलग-अलग धर्म एवं संस्कृतियों का संगम है और इसी कारण कहा जाता है कि यहां विविधता में एकता है। मैं आपके इस संदेश का मूल नहीं समझ पाया। क्या अरविंद सोसाइटी का यही उद्देश्य है, कि अन्य सभी धर्म और संस्कृतियों के लोगों के ऊपर एक धर्म विशेष की संस्कृति को थोपा जाए?"

एक दूसरे श्रीमान जी ने मेरे मैसेज के दो रिप्लाई भी प्रकार है:-

"भाई छमा कीजिएगा।

श्री अरविन्द का योग सब के लिए है। श्री अरविन्द का योग वेदों व गीता पर आधारित है। प्रिय सबसे पहले धर्म क्या है? आप श्री अरविन्द की इस पर व्याख्या पढ़िए। वेद माने ज्ञान। धर्म तो एक ही है, वह सनातन धर्म है।

बहस नही करूँगा। प्रज्ञान जी क्लियर कर देंगें।

जो भी लिखा है, भारतीय संस्कृति के बारे में कहा है, हम अपनी संस्कृति को छोड़ते जा रहे हैं। श्री अरविन्द भी चाहते थे, कि हम भारतीय संस्कृति अपनाएँ।"

मैंने श्रीमान जी को इस ग्रुप में अपना अंतिम रिप्लाई दियाः-

"श्रीमान मैं आपकी बातों से सहमत हूं।

लेकिन उस समय की परिस्थितियां कुछ और थी। उस समय भारतीय लोगों की एकता के द्वारा इस देश को आजाद कराना ही उस समय की मांग थी। उस समय भारत अंग्रेजों के अधीन था। लेकिन वर्तमान में चीजें काफी बदल चुकी है। आज समस्याएं बिल्कुल नई है, इसीलिए उनका

समाधान भी नए तरीके से निकल सकता है। पुरानी चीजों का दोहराव भारत की आंतरिक व्यवस्था में समस्या पैदा कर सकता है।

बाकी आप भी मेरे लिए मेरे गुरु समान ही है। इसलिए मैं केवल समकालीन सुझाव दे रहा हूं। यह मेरे व्यक्तिगत नहीं है, बल्कि समय की मांग है। बाकी आप जो उचित समझे वही ठीक है।"

3 जनवरी को शाम 9:21 पर अन्ना जी का यह मैसेज आया:-

"समीर जी, अपनी समझ आपसे साझा करते हुए निम्नलिखित बातें कहना चाह रहा हूँ-

पहली बात - अरविंद सोसाइटी का उद्देश्य यह कभी भी नहीं रहा है (और संभवतः भविष्य में भी कभी नहीं होगा), कि अन्य सभी धर्म और संस्कृतियों के लोगों के ऊपर एक धर्म विशेष की संस्कृति को थोपा जाए।

दूसरी बात – इस सन्देश को दुबारा से और बारीकी से पढ़ने की आवश्यकता है, जिसमें जैसे कि वेदों .... वाली बात महज एक उदहारण के तौर पर रखी गयी है। इसका वास्तविक उद्देश्य किसी भी ख़ास धर्म या धार्मिक कट्टरता आदि को बढ़ावा देना नहीं है।

तीसरी बात – संसार का कोई भी धर्म या संस्कृति उस परम शक्ति या सत्ता की उपस्थिति को नहीं नकारता है, जो इस संसार को चलायमान रख रही है। हाँ, यह बात अलग है, कि विभिन्न धर्मों ने उनके लिए अलग-अलग नाम गढ़ रखे है और उनके पाने या उपासना का तरीका भी अलग बना रखा हैं। किन्तु इसके बाद भी सभी का लक्ष्य एक है।

चौथी बात – इस पूरे पैराग्राफ का मर्म अपने मन की शुद्धि पर केन्द्रित है। इसके लिए व्यक्ति अपनी इच्छाओं के अनुरूप किसी भी रास्ते या संसाधन आदि को चुनने के

लिए स्वतंत्र है।

पांचवी और अंतिम बात – हमें समाज में "सर्व धर्म सम भाव" वाले विचार की दृढ़ता से स्थापना करने का प्रयास करना चाहिए और यह तभी संभव है, जब वैचारिक स्वतंत्रता और समावेशी विचार के साथ लोग सभी धर्मों और उनके साहित्य को पढ़ते हुए उन्हें समझने का प्रयास करेंगें। हम सभी को खूब पढ़ते-लिखने का प्रयास करना चाहिए और आपस में चर्चा-परिचर्चा भी करते रहना चाहिए।"

9:26 पर अन्न जी के झाड़ू वाले मैसेज का वर्षा जी का रिप्लाई आया:-

"क्षमा करें, लेकिन ये किसके शब्द हैं?

ये शब्द श्री अरबिंदो और माताजी के नहीं हैं।

श्री अरबिंदो के विचार बहुत विशाल हैं और उनमें सब कुछ समाहित है। वह किसी एक समूह, संस्कृति, देश या राष्ट्र का पक्ष नहीं लेते हैं। दिव्य माँ ने ऑरोविले शहर बनाया। जहाँ श्री अरबिंदो के विचारों को व्यवहार में लाया जाता है। ऑरोविले शहर में रहने के लिए एक आवश्यकता यह है, कि लोग दैवीय चेतना के दास हैं। लेकिन वे किसी भी धर्म के पक्ष में नहीं हैं या राजनीति में शामिल नहीं हैं। अतीत में, धर्म और राजनीति ने लोगों को विभाजित किया है। श्री अरबिंदो हमें परिवार, जाति, धर्म, देश आदि जैसी सीमित पहचानों से परे जाने के लिए कहते हैं। धर्मों और महान विचारकों ने इतिहास को आकार दिया है, श्री अरबिंदो के कथन में कार्ल मार्क्स की आवश्यकता और जगह है और कृष्ण, मोहम्मद की भूमिका है, ईसा मसीह। श्री अरबिंदो ने इंटरनेट के आने को देखा और मानव चक्र में इसके बारे में लिखा। मैं उनके लेखन का उल्लेख कर सकती हूं।

लेकिन उनके विशाल विचारों ने हर चीज को उसकी जगह पर रख दिया।

श्री अरबिंदो की दृष्टि मेरे मानव मन के ज्ञान से परे है।"

9:35 पर अन्ना जी का रिप्लाई आया

"आइये, सभी लोग मिलकर एक और बात समझने कि कोशिश करते हैं, कि हमारे संविधान में लिखित शब्द "धर्मनिरपेक्षता" जिसे बाद में "पंथनिरपेक्षता" से बदला गया है, इसका क्या आशय है? अपने विचार सन्दर्भ में साथ साझा कीजिएगा।"

इन चैट्स को पढ़कर मैं समझ चुका था, कि यह ग्रुप किसी टाइमपास करने वाले आदमी के लिए सही है। ग्रुप अपने मूल उद्देश्य से भटक चुका था। मुझे उन सदस्य बच्चों की चिंता हो रही थी, जो बहुत कम उम्र के थे। इस ग्रुप में उन्हें श्री अरविंद सोसाइटी के नाम से जोड़ा गया था। मैं सोच रहा था, कि उनके बाल मस्तिष्क पर कितना नकारात्मक प्रभाव पड़ेगा। बिना किसी तर्क, तथ्य और प्रमाण के उन बच्चों की पूर्वधारणा विकसित हो सकती थी। किसी धर्म विशेष से सबंधित सिद्धांत या कर्मकांडो को सही या ग़लत मानकर भविष्य में वे विभाजनकारी सांप्रदायिक सोच अपना सकते थे। बिल्कुल भी देर ना करते हुए मैं तुरंत उस ग्रुप से एग्जिट हो गया।

मेरी व्हाट्सएप पर वर्षा जी का 9:55 पर प्राइवेट मैसेज आया:-

"अपना अनुभव साझा करने और बहुत अच्छी तरह से लिखित पाठ के लिए धन्यवाद। आपने श्रीअरविन्द और माताजी की रचनाओं से जुड़ाव किया है और उनके स्पर्श की शक्ति आपके लेखन में दिखाई देती है।

कुछ प्रतिबिंब:-

पृष्ठ 2 फुटनोट 3 माताजी के शब्द हैं, न कि श्री अरबिंदो के।

पृष्ठ 2 औद्योगिक क्रांति को व्यापक परिप्रेक्ष्य में देखा जा सकता है। श्री अरबिंदो की कथा में उपनिवेशवाद में

पश्चिम और पूर्व की बैठक की भी एक आवश्यक भूमिका थी।

डॉ अम्बेडकर संविधान मसौदा समिति के अध्यक्ष थे (केवल सहायक नहीं)।

संविधान पर डॉ अम्बेडकर और महात्मा गांधी के बीच बहस एक दिलचस्प पढ़ा गया है।

लोकतंत्र और संविधान पर श्री अरबिंदो के विचार भी पढ़ने लायक हैं।

आपके पाठ के लिए बधाई। बांटने के लिए हिम्मत चाहिए।"

तब मैंने उनका नाम पूछा और फिर उसके बाद उनको 3 रिप्लाई किएः-

"मैं किसी भी व्यक्ति से ज्यादा बहस नहीं कर सकता। क्योंकि मेरे पास बहुत सीमित समय है।

इस संसार के बहुत कम लोग समझदार है, और बहुत कम लोग समझने के लिए तैयार है। वरना अधिकतर लोग सिर्फ तर्क और तथ्य हीन बहस करने के लिए तैयार रहते हैं।

श्री अरविंद एवं श्री मां जो कह कर गए हैं, वह बहुत ऊंची चीजें हैं। आज कुछ स्वार्थी लोग उनके शब्द और दर्शन के साथ छेड़छाड़ करने के लिए उतारू है। इसलिए मैं शांति के साथ अपना रिसर्च कार्य करना ही उचित समझता हूं। क्योंकि मैं किसी भी ऐसे व्यक्ति के साथ बात करने के पश्चात डिस्टर्ब हो जाता हूं, जो धर्म विशेष को ज्यादा बढ़ावा देता हो। क्योंकि मैं अपने आप को सिर्फ एक इंसान समझता हूं। श्री अरविंद भी यही कहा करते थे, कि किसी भी इंसान की पहचान बस एक इंसान की है।"

वर्षा जी को यह अंतिम रिप्लाई भेजने के बाद मैंने अपनी व्हाट्सएप बंद कर दी। इसके बाद मैं अपने अध्ययन से संबंधित कार्य करने लगा।

# 17

# निष्कर्ष

यह एक छोटी सी पुस्तक है। जो आप लोगों को बहुत ही कम समय में बहुत व्यापक जानकारी प्रदान करने के लिए लिखी गई है। इस छोटी सी पुस्तक में इतिहास, भूगोल, राजनीति, संस्कृति, विज्ञान, अध्यात्म, तर्कशास्त्र, योगा, दैनिक क्रियाकलाप, अच्छे-बुरे कर्म, मानवता आदि का जिक्र किया गया है। लोग किस प्रकार इनको अपने जीवन में इंप्लीमेंट करेगें, यह उनके ऊपर निर्भर होगा? अगर भविष्य में कोई व्यक्ति श्री अरविंद सोसाइटी के द्वारा आयोजित/प्रायोजित ऑरो यूथ कैंप अथवा ऑरोवैली आश्रम में जाना चाहे तो यह पुस्तक उसकी गाइड की भूमिका निभाएगी। यह पुस्तक प्रत्येक व्यक्ति की आध्यात्मिक प्यास बुझाने में उसकी सहायता जरूर करेगी।

विश्व मंदिर : स्रोत - इंटरनेट

# कुछ महत्वपूर्ण नामों की

यह वह सूची है, जिसकी चर्चा पुस्तक में की गई है। उनकी संक्षिप्त जानकारी यहां पर प्रदान की गई है:-

1. अंकित:- अंकित भी एक रिसर्च स्कॉलर है। वह वर्तमान में चौधरी चरण सिंह विश्वविद्यालय मेरठ से पीएचडी कर रहा है। इसी के साथ-साथ एक अधिकारी बनने के लिए तैयारी कर रहा है। 12वीं तक की पढ़ाई केंद्रीय विद्यालय से की है। उसने अपनी ग्रेजुएशन दिल्ली विश्वविद्यालय एवं मास्टर डिग्री इग्नू से की है। वह बहुत इंटेलिजेंट और गंभीर चिंतन करने वाला आदमी है। इसके पास ज्ञान का असीमित भंडार है।

2. अंग्रेज:- खास तौर पर इंग्लैंड से आने वाले लोगों को अंग्रेज कहां जाता था। लेकिन बाद में यूरोप के किसी भी देश से आने वाले नागरिक को अंग्रेज कहा जाने लगा। इसके पश्चात ऑस्ट्रेलिया, अमेरिका, दक्षिण अमेरिका, उत्तरी अमेरिका, यूरोप, उत्तरी एशिया के लोगों को भी अंग्रेज कहा जाने लगा। क्योंकि उनकी भाषा अंग्रेजी होती है, और उनकी त्वचा का रंग बिल्कुल सफेद होता है। वे दिखने में भारतीयों से बिल्कुल अलग होते हैं। वे भारत में अधिकतर पर्यटन के लिए आते हैं।

3. अंशु:- अंशु 2017 एम ए इतिहास की गोल्ड मेडलिस्ट है। वह कविता में बहुत ज्यादा रुचि रखती है। स्टेज पर बोलते समय अंशु काफी शर्माती थी। अंशु ने उत्तर प्रदेश पीसीएस की परीक्षा पास करके अपने कॉलेज, विश्वविधालय, जिले, क्षेत्र व अपने गांव सिलाना का नाम रोशन किया है। एम फिल करने के बाद वह पीएचडी चौधरी चरण सिंह विश्वविद्यालय मेरठ से कर रही है। फिलहाल वह डिप्टी जेलर की ट्रेनिंग ले रही है।

4. अनिल सर:- अनिल सर भी वीर स्मारक इंटर कॉलेज बड़ौत, बागपत में फिजिक्स के लेक्चरर थे। वे भी बहुत अच्छे तरीके से अपने

सब्जेक्ट को पढ़ाते थे।

5. अन्ना:- अन्ना जी रुद्रपुर से हैं। वह भी कैंप के कोऑर्डिनेटर बनकर आए थे।

6. अरविंद घोष:- अरविंद घोष भारतीय स्वतंत्रता सेनानी होने के साथ-साथ भारत के एक बहुत बड़े दार्शनिक हुए हैं। इन्होंने भारत के लोगों के साथ-साथ विश्व के लोगों की चेतना जगाने के लिए काफी दार्शनिक किताबें लिखी है।

7. अर्चना मैम:- अर्चना मैम हरिद्वार गंगा नदी के बिरला घाट के पास खेतान हाउस में मिली थी। ये आरो वैली आश्रम में समोसे लेकर आई थी। इन्होंने एक लैक्चर भी दिया था।

8. अश्विनी अंकल:- अश्वनी अंकल दादी जी एवं दिग्गज विद्वान डॉ जगमेर सिंह के पुत्र हैं। उन्होंने अपनी प्रारम्भिक एजुकेशन उत्तर प्रदेश से करने के बाद उच्च शिक्षा गोवा से की। केमिस्ट्री में डिग्री लेने के बाद भारत समेत दुनिया के कई देशों में बड़े-बड़े पदों पर कार्य किया। अफ्रीका के कई देशों, दक्षिणी अमेरिका के कई देशों, यूरोप व एशिया के कई देशों में इन्होंने शुगर मिलो में बड़े-बड़े पदों पर कार्य किया। अंत में इन्होंने भारत देश के लिए अपने जीवन को समर्पित कर दिया। इन्हें रामाला में नवनिर्मित शुगर मिल का कार्यभार सौंपा गया था। वर्तमान में एक अन्य शुगर मिल के बड़े पद पर सेवा दे रहे हैं।

9. आदेश:- आदेश, पीयूष और साहिल का सहपाठी रह चुका है। इसने अपनी दसवीं की परीक्षा पारस बाल निकेतन इंटर कालेज से पास की है। वह 12वीं की परीक्षा 2022 t वहीं से देगा। वह भी फौज में जाने की तैयारी कर रहा है।

10. आनंद:- आनंद भी इतिहास विभाग दिगंबर जैन पीजी कॉलेज बड़ौत बागपत के एम ए. के विद्यार्थी रहे हैं। वे भी 2018 के टूर पर गए थे। उनके पास के अनेक प्राइवेट स्कूलों में अध्यापन का कार्य करने का अनुभव हैं।

11. आसिफ:- आसिफ एक विद्यार्थी होने के साथ-साथ एक एंटरप्रेन्योर भी है। वह अपनी ग्रेजुएशन के साथ-साथ अपने छोटे बिजनेस

एमएस स्पोर्ट्स वियर का ऑनर है। वह अपने बिजनेस के माध्यम से स्पोर्ट्सवेयर के सामान जैसे निक्कर, लोवर, ट्रैक सूट, सैंडो बनियान, कबड्डी किट, रेस किट व स्कूल किट आदि तैयार करता है। वह प्रोडक्ट को सिंगल पीस और होलसेल केरूप में तैयार करते हैं।

12. ईश्वर:- ईश्वर से से तात्पर्य सर्वशक्तिमान शक्ति से हैं। ईश्वर को लेकर सभी लोगों की धारणाएं और मान्यताएं अलग-अलग हैं। प्रत्येक धर्म के अनुसार ईश्वर के अलग-अलग नाम है। आध्यात्मिक लोग आंतरिक ईश्वर की बात करते हैं। कोई ईश्वर को पृथ्वी के अंदर बताता है तो कोई बाहर।

13. ओम शंकर आर्य:- ओम शंकर आर्य वीर स्मारक इंटर कॉलेज बड़ौत, बागपत में बायोलॉजी पढ़ाते हैं। वे अपने विषय के बहुत ही अच्छे अध्यापक हैं।

14. कनिका:- कनिका भी मथुरा से हैं। वह अपनी बैचलर की डिग्री मथुरा से ही कर रही है। यह भी कैंप में आई थी।

15. कार्ल मार्क्स:- कार्ल मार्क्स को आधुनिक समाजवाद का एवं साम्यवाद का पिता कहा जाता है। कार्ल मार्क्स की प्रसिद्ध पुस्तक दास कैपिटल है। इन्होंने धर्म और भेदभाव का विरोध किया था। वे आर्थिक असमानता को दूर करके समानता के लिए क्रांति लाने की बात कहते थे। उनके विचारों से प्रभावित होकर यूरोप तथा रूस में क्रांति हुई थी।

16. कीर्ति:- कीर्ति मैम दिसंबर 2021 के औरोवैली आश्रम के कैंप की पर्यवेक्षक बन कर गई थी।

17. कुलदीप उज्जवल:- कुलदीप उज्जवल उत्तर प्रदेश के अंदर विधायक और राज्य मंत्री रह चुके हैं।

18. केडी घोष:- कृष्ण घन घोष अरविंद घोष के पिता थे।

19. कॉन्स्टेबल:- कांस्टेबल पीयूष का दूसरा नाम है। घर में सबसे छोटा होने की वजह से इसको कांस्टेबल कहकर पुकारा गया है। समीर ने इसे यह नाम दिया था, क्योंकि पुलिस विभाग में सबसे छोटी पोस्ट कांस्टेबल की होती है। लेकिन यह वर्तमान में दिल्ली में रहकर

इंजीनियरिंग की पढ़ाई कर रहा है।

20. गंगा देवी:- श्रीमती गंगा देवी समीर की माता का नाम है।

21. गोविंदा:- गोविंदा फतेहपुर का रहने वाले तथा सनी के बड़े भाई है। इन्होंने प्रारंभिक शिक्षा डीएवी इंटर कॉलेज, किशनपुर बिराल से करने के बाद अपनी बीएससी जनता वेदिक डिग्री कॉलेज से की। उसके पश्चात रेलवे में नौकरी प्राप्त की तथा वर्तमान में स्टेशन मास्टर के पद पर कार्य कर रहे हैं।

22. गौरव:- गौरव एक बहुत ही अच्छा लड़का है। इसने अपनी दसवीं की परीक्षा डीएवी इंटर कॉलेज किशनपुर बिराल से पास की है। उसके पश्चात इसने राजकीय आईटीआई खेकड़ा से फिटर ट्रेड में आईटीआई का डिप्लोमा प्राप्त किया है। फिलहाल यह रामाला के चीनी मिल में कार्यरत है। वह एक बहुत ही अच्छा, सच्चा, मेहनती, लगन शील इंसान है।

23. जयप्रकाश:- जयप्रकाश इतिहास विभाग दिगंबर जैन पीजी कॉलेज बड़ौत बागपत में कर्मचारी है। वे वर्तमान में कुछ समय से छुट्टी पर चल रहे हैं।

24. जैफ बेजॉस:- जैफ बेजॉस अमेरिका के रहने वाले है। वह विश्व के सबसे अमीर व्यक्ति है। पहले यह एक साधारण व्यक्ति ही थे। वे एक पोस्टमैन की नौकरी किया करते थे। लेकिन अपनी मेहनत के और संघर्ष के द्वारा इन्होंने अमेजन कंपनी की स्थापना की तथा उसकी सफलता के लिए हमेशा दिन रात मेहनत की। अंत में वे दुनिया के सबसे अमीर व्यक्ति बन गए।

25. ज्योति:- ज्योति एक रिसर्च स्कॉलर है। वह वर्तमान में चौधरी चरण सिंह विश्वविद्यालय मेरठ से पीएचडी कर रही है। ज्योति ने एम ए इतिहास में यूनिवर्सिटी में दूसरा स्थान प्राप्त किया था। यह एक बहुत इंटेलिजेंट और ईमानदार शोधार्थी है। यह भविष्य में एक ईमानदार मनुष्य और अधिकारी बनकर समाज सेवा करना चाहती है।

26. डॉ केसी जैन:- डॉक्टर केसी जैन दिगंबर जैन डिग्री कॉलेज, बड़ौत के पूर्व प्रधानाचार्य व इतिहास विभाग में अध्यक्ष रह चुके हैं। वे रिटायर

होने के बाद जैन कॉलेज के इतिहास विभाग में कभी-कभी पढ़ाने आया करते थे।

27. तिरपुरेश:- वह कानपुर का निवासी है। वह छत्रपति शाहूजी महाराज यूनिवर्सिटी कानपुर से अपनी पढ़ाई करके चौधरी चरण सिंह विश्वविद्यालय मेरठ से पीएचडी कर रहा है।

28. दादी जी:- दादी जी का नाम उषा है। दादी जी मेरठ में रहती है। दादी जी छिबरामऊ के एक डिग्री कॉलेज के पूर्व प्रधानाचार्य एवं बड़ौत क्षेत्र के दिग्गज विद्वान डॉक्टर जगमेर सिंह की जीवन साथी है। वे अश्वनी अंकल की मां है। इन्होंने अपनी प्रारंभिक शिक्षा के बाद उच्च शिक्षा योगा में पूरी की है। इन्होंने एम ए योगा में गोल्ड मेडल हासिल किया है। इन्हें अध्यात्म, दर्शन, संस्कृति का बहुत ज्ञान है।

29. दीपक:- दीपक भी राजू का दोस्त है। वह रसोई के कार्य में राजू की सहायता करता है।

30. दीपक:- दीपक सुमित का भाई और सनी का पड़ोसी है। इसने भी डीएवी इंटर कॉलेज से ट्वेल्थ पास की है। यह भी मेडिकल के क्षेत्र में जाना चाहता है।

31. पवन सर:- डॉ पवन सर चौधरी चरण सिंह विश्वविद्यालय मेरठ से पीएचडी कर चुके हैं। वे इतिहास विभाग, दिगंबर जैन डिग्री कॉलेज बड़ौत बागपत से नाता रखते हैं। उन्होंने समीर के एक अच्छे गाइड की भूमिका निभाई है। वह सभी जूनियर बच्चों की सहायता किया करते हैं। वे 2018 के स्टडी टूर में प्रज्ञान सर के साथ सभी बच्चों की हेल्प करने गए थे।

32. पिंटू:- पिंटू मिर्जापुर का रहने वाला है। उसने अपनी बीए महात्मा गांधी काशी विद्यापीठ से की है। उसके बाद मास्टर डिग्री भारत के सर्वश्रेष्ठ विश्वविद्यालयों में गिने जाने वाले बनारस हिंदू विश्वविद्यालय से की है। उसके पश्चात यह चौधरी विश्वविद्यालय मेरठ में पीएचडी का शोधार्थी है।

33. पियूष:- पीयूष पब्जी का पुराना खिलाड़ी और समीर का छोटा भाई है। 2020 के मार्च माह में यह बहुत ज्यादा पब्जी खेलता था। पब्जी खेलते खेलते यह दुखी भी हो गया था। इसलिए इसने खुद

ही खेलना छोड़ दिया था। इसने अपनी दसवीं की परीक्षा पारस बाल निकेतन इंटर कॉलेज से पास की है। वह पॉलिटेक्निक का डिप्लोमा मैकेनिकल इंजीनियरिंग ब्रांच में दिल्ली जनकपुरी के पास दिल्ली ग्लोबल इंस्टिट्यूट ऑफ़ टेक्नोलॉजी से कर रहा है। भविष्य में वह बड़ा इंजीनियर बनना चाहता ह।

34. प्रज्ञान सरः- प्रज्ञान सर दिगंबर जैन पीजी कॉलेज, बड़ौत में इतिहास विभाग के अध्यक्ष एवं एसोसिएट प्रोफेसर है। वे इतिहासकार, दार्शनिक, विद्वान, लेखक, साहित्यकार, असिस्टेंट डायरेक्टर आदि बहुत कुछ है।

35. प्रतिभा गाइडेंसः- प्रतिभा गाइडेंस चौधरी चरण सिंह द्वारा स्थापित किसान ट्रस्ट के द्वारा ग्रामीण पृष्ठभूमि में रहने वाले सभी बच्चों को फ्री में पढ़ाने के लिए एक ऑनलाइन प्लेटफॉर्म है। जिसमें अनेक प्रोफेसर फ्री में बच्चों को पढ़ाएंगे। बी ए, एम ए. बीएससी, एमएससी से लेकर ग्रुप डी के कंपटीशन से लेकर यूपीएससी के कंपटीशन की तैयारी भी फ्री में कराई जाएगी। प्रज्ञान सन प्रतिभा गाइडेंस के फाउंडर विद्वानों में से एक है, तथा उन्हीं के दिशा निर्देशों एवं गाइडेंस के अंतर अंतर्गत अधिकतर कार्य होते हैं। समीर एवं अन्य शोधार्थी भी प्रज्ञान सर के माध्यम से ही प्रतिभा गाइडेंस की जानकारी प्राप्त कर चुके हैं।

36. फ्रेडरिक एंगेल्सः- फ्रेडरिक एंगेल्स कार्ल मार्क्स का दोस्त था। वह अध्ययन के दौरान फ्रांस में कार्ल मार्क्स से मिला था। कार्ल मार्क्स की मृत्यु तक दोनों साथ रहे थे। उन्होंने साथ में ही अनुसंधान का कार्य किया था।

37. बुधः- गौतम बुध बौद्ध धर्म के संस्थापक और बहुत बड़े विद्वान और दर्शनिक हुए हैं।

38. ब्रह्मदेवः- ब्रह्मदेव आरो वैली आश्रम में रहते हैं। वे वहीं पर लगभग 25 साल से रह रहे हैं। वे एक आध्यात्मिक गुरु है।

39. मधुः- मधु इतिहास विभाग दिगंबर जैन डिग्री कॉलेज, बड़ौत बागपत की एम ए की छात्रा रही है। वह वर्तमान में चौधरी चरण सिंह विश्वविद्यालय मेरठ से पीएचडी कर रही है।

40. मनीष:- मनीष रॉकी और गौरव का दोस्त है। इसने दीपक और सुमित के साथ ही डीएवी इंटर कॉलेज बड़ौत बागपत किशनपुर बिराल से अपनी 10वीं 12वीं की परीक्षा पास की है। उसके पश्चात यह दिगंबर जैन डिग्री कॉलेज बड़ौत बागपत से बीए में पढ़ रहा है। वह जरूरतमंद बच्चों को गांव में बहुत कम फीस पर ट्यूशन पढ़ाता था। यह फौज में जाने की तैयारी कर रहा है।

41. मनीष:- मनीष सीक्रेट सोसाइटी का एक एजेंट है। वह विज्ञान में बहुत ज्यादा रुचि रखता है। उसने अपनी प्रारंभिक शिक्षा आदर्श शिक्षा मंदिर इंटर कॉलेज से पूरी की है। उसके पश्चात इसने जनता वेदिक कॉलेज से बीएससी के बाद वह वहीं से एमएससी कर रहा है। वह फ्यूचर में एमबीबीएस करके डॉक्टर बनना चाहता था। लेकिन फिलहाल एक साइंटिस्ट बनने की तैयारी कर रहा है।

42. मनोरमा:- मनोरमा मथुरा से हैं। वे कैंप में मिली थी। यह बहुत अच्छा भजन गाती है। इनकी आवाज बहुत अच्छी है।

43. मरना लिनी:- मृणालिनी अरविंद घोष की पत्नी थी।

44. महावीर:- स्वामी:- महावीर स्वामी जैन धर्म के 24 वे तीर्थंकर और वास्तविक संस्थापक थे।

45. मारिया:- मारिया जी भी कैंप में मिली थी। ये अंग्रेजी में बात करती है।

46. माला:- ये मोहतरमा समीर की बहन है। उसने अपनी दसवीं की परीक्षा आदर्श शिक्षा मंदिर इंटर कॉलेज के पास करने के बाद 12वीं की परीक्षा शेर नगला के एक स्कूल से पास की है। वह वर्तमान में प्रेम इंस्टिट्यूट ऑफ मेडिकल साइंस पानीपत से जीएनएम का कोर्स कर रही है। इसकी रूचि अलग-अलग क्षेत्र में है। जैसे पढ़ना, लिखना, घूमना, रिसर्च करना, बिजनेस करना आदि।

47. मिंटू:- मिंटू इस पुस्तक के लेखक का बड़ा भाई है। उसने अपनी 10वीं और 12वीं की परीक्षा डीएवी इंटर कॉलेज किशनपुर बिराल से पास की है। उसके पश्चात बीए की परीक्षा जनता वैदिक कॉलेज बड़ौत से पास की है। उसके पश्चात इसने मेहनत करके वेटरनरी काउंसिल ऑफ इंडिया के टेस्ट में ऑल इंडिया 7 वी रैंक पाई थी।

उसके पश्चात बीएड के एंट्रेंस में पूरे यूपी में 650 के आसपास रैंक मिली तथा मेरठ कॉलेज मेरठ में एडमिशन लिया। इसमें कई छोटी-बड़ी सरकारी नौकरियों को प्राप्त करने के पश्चात छोड़ दिया तथा प्रथम प्रयास में ही यूपीएससी के मेंस की परीक्षा तक पहुंचा लेकिन उसके पश्चात तैयारी करनी छोड़ दी। यह एक मेहनती और अच्छा इंसान है। लेकिन कुछ मूर्ख, लालची इसे भटकाने, बरबाद करने के लिए तथा अपने स्वार्थ को पूरा करने के लिए इससे चिपके रहते हैं। लेकिन एक सरकारी नौकरी लगने के कारण बीएड बीच में छोड़ दी। उसने एम ए इकोनॉमिक्स चौधरी चरण सिंह विश्वविद्यालय से पास की है। वह अपने परिवार का पहला व्यक्ति है जिसने 10वीं, 12वीं, बी ए, एम ए, यूजीसी नेट, राजपत्रित नौकरी प्राप्त की है। वह वर्तमान में एक राजपत्रित अधिकारी के रूप में भारत सरकार के सांख्यिकी मंत्रालय में कार्यरत है।

48. रवि:- रवि मुरादाबाद का रहने वाला है। वह राजकीय आईएएस पीसीएस कोचिंग केंद्र निजामपुर में आईएएस की तैयारी कर रहा है। वह 2019-20 में हापुड़ में समीर का रूममेट भी रहा है। वह एमएससी मैथमेटिक्स के बाद राज्य और केंद्र स्तर की नौकरी की तैयारी कर रहा है।

49. रविकांत:- रविकांत सर रुद्रपुर से हैं।

50. राजकुमार सर:- राजकुमार सर अलीगढ़ के रहने वाले हैं। वे राजकीय आईएएस पीसीएस कोचिंग केंद्र निजामपुर में आईएएस की तैयारी करने वाले बच्चों को पढ़ाते थे। इन्होंने जामिया यूनिवर्सिटी की रेजिडेंशियल कोचिंग अकैडमी से अपनी यूपीएससी की तैयारी की थी।

51. राजू:- राजू डॉक्टर भीमराव अंबेडकर बॉयज हॉस्टल सीसीएस यूनिवर्सिटी मेरठ में खाना बनाने से संबंधित कार्य देखते हैं। वह वहां एक अस्थाई कर्मचारी है।

52. राधेश्याम:- राधेश्याम समीर के पिता का नाम है।

53. राहुल:- राहुल खेल में सबसे ज्यादा रुचि रखता है। वह सभी दोस्तों के साथ भी खेलता है। वह भी विनय और समीर का सहपाठी रह चुका

है। वह ट्रैक्टर का बिजनेस किया करता है। वह बिनोली पेट्रोल पंप के पास यह घूमता रहता है।

54. **राहुल:-** राहुल सीआरपीएफ का एक वरिष्ठ कर्मचारी है। ईमानदार व अनुशासित होने के साथ-साथ मेहनती भी है। इनकी प्रारंभिक शिक्षा किशनपुर बिराल के आदर्श शिक्षा मंदिर इंटर कॉलेज से हुई है। इन्होंने जनता वेदिक डिग्री कॉलेज से अपनी बैचलर ऑफ आर्ट्स की पढ़ाई पूरी की है। भविष्य में वह कुछ बड़ा करना चाहते हैं। वह एक लचकदार शरीर युक्त और शरीफ इंसान हैं। वह दिमाग का बहुत तेज व्यक्ति हैं।

55. **रूपेश:-** रूपेश एक बहुत ही ज्ञानी विद्यार्थी है। इसने चेतना इंटर कॉलेज से अपनी इंटर तक की पढ़ाई की है। उसके पश्चात इसने अपनी बीए जनता वेदिक डिग्री कॉलेज से और बीटीसी गॉडविल डिग्री कॉलेज, किरठल से पास की है। इनका शौक किताबें लिखना, पढ़ना, घूमना आदि है। भविष्य में वह एक दार्शनिक, समाजशास्त्री, राजनीतिक विज्ञान के जानकार और वक्ता बनना चाहते हैं। उसके पश्चात यह फिलहाल शिक्षक बनने की तैयारी कर रहे हैं।

56. **रॉकी:-** रॉकी गौरव का भाई है। वह पीयूष का दोस्त हैं, तथा दोनों मिलकर खूब पब्जी खेलते थे। दोनों ने एक साथ ही पब्जी खेलना भी छोड़ दिया है। इसने भी दसवीं की परीक्षा डीएवी इंटर कॉलेज से पास की है। उसके पश्चात इसने गौरव के साथ ही राजकीय आईटीआई खेकड़ा में एडमिशन लेकर बीच में ही आईटीआई छोड़ दी। उसके पश्चात वह आगे की पढ़ाई के लिए मेहनत कर रहा है। वह भविष्य में कुछ बड़ा करना चाहता।

57. **रोबिन:-** रोबिन रॉकी और गौरव का भाई है। यह बोल नहीं पाता है। लेकिन बहुत अच्छा रखा है।

58. **रोहित:-** रोहित ने डीएवी इंटर कॉलेज किशनपुर बिराल से दसवीं की परीक्षा पास करने के बाद जनता वेदिक प्राइवेट आईटीआई से इलेक्ट्रॉनिक मैकेनिक में आईटीआई की परीक्षा पास की है। वह वर्तमान में गुड़गांव की एक बड़ी कंपनी में कार्यरत है।

59. **वर्षा:-** वर्षा जी कैंप की फैसिलिटेटर थी । वह एक इंटेलिजेंट और

अनुशासित लड़की थी।

60. विग्नेश सर:- विघ्नेश सर चौधरी चरण सिंह विश्वविद्यालय, मेरठ में इतिहास विभाग के हेड ऑफ डिपार्टमेंट है। उनकी एक दर्जन से भी ज्यादा पुस्तके प्रकाशित हो चुकी हैं। वे एक बहुत ही ख्याति प्राप्त इतिहासकार तथा स्थानीय इतिहास पर काम करने वाले विद्वान हैं। उन्होंने 1857 की क्रांति पर एवं मेरठ परिक्षेत्र के अंदर बेगम समरू, शाहमल, धन्ना सिंह, हरदेवा चमार, सुंदर चूहड़ा आदि लोगों पर शोध किया है। वे बड़े अनुशासित और मेहनती शोधकर्ता है। इनका नाम देश की बड़ी-बड़ी पत्रिकाओं में भी छप चुका है। राज्यसभा व लोकसभा के टीवी पर इनके इंटरव्यू देखे जा सकते हैं।

61. विजय:- विजय, रुद्रपुर के रहने वाले हैं। ये योगा में जिला, राज्य और नेशनल स्तर के बहुत स्वर्ण पदक हासिल कर चुके हैं। ये एम ए. ज्योग्राफी कुमाऊं यूनिवर्सिटी से करचूके है। ये भविष्य में नेट पास करके पीएचडी करना चाहते हैं। ये श्री अरविंद सोसाइटी से जुड़े हुए हैं, और यह समीर को कैंप में मिले थे।

62. विनय:- विनय ने 10वीं और 12वीं की परीक्षा शेरपुर लोहारा से पास की है। इसके बाद इन्होंने बड़ौत के दिगंबर जैन डिग्री कॉलेज से बीए और एमए की परीक्षा पास की है। विनय और समीर सहपाठी रह चूके है। वर्तमान में वह कंपटीशन के साथ-साथ वह शोध कार्य में भी लगे रहते हैं।

63. शुभांगी:- शुभांगी मैम ने अपनी बीएड और एम ए की परीक्षा दिगंबर जैन डिग्री कॉलेज के पास की है। वह स्काउट गाइड मैं भी प्रशिक्षण ले चुकी है। उसके पश्चात वह चौधरी चरण सिंह विश्वविद्यालय, मेरठ से पीएचडी कर रही है। वह वर्तमान में सरकारी अध्यापिका है। वह एक बहुत ही ईमानदार और अनुशासित शोधार्थी और अध्यापिका है। वह सभी अच्छे बच्चों की सहायता करती है।

64. शोकेंद्र सर:- शोकेंद्र सर भी दिगंबर जैन पीजी कॉलेज, बड़ौत में ही इतिहास के असिस्टेंट प्रोफेसर है। सर अपने सब्जेक्ट को सैद्धांतिक व व्यावहारिक तरीक़े से समझाते हैं। वे व्यक्तित्व के विकास से संबंधित सभी प्रकार की जानकारी अच्छे से देते हैं। वे एक अच्छे

अध्यापक, वक्ता, दार्शनिक, राजनिति के विश्लेषक हैं।

65. श्री मां:- श्री मां फ्रांस की रहने वाली थी। बाद में श्री अरविंद से प्रभावित होकर औरोवाली आश्रम में पांडिचेरी में आ गई थी। अपनी संपूर्ण जीवन में वे यहीं पर रही।

66. सचिन सर:- सचिन सर भारतीय सेना में सेवा दे चुके हैं। वे वर्तमान में राजकीय आईएएस पीसीएस कोचिंग केंद्र निजामपुर हापुड़ में हॉस्टल के वॉर्डन है।

67. सनी:- सनी फतेहपुर चक गांव का निवासी है व समीर का दोस्त है। वह उत्तर प्रदेश के पुलिस विभाग में प्रशिक्षण ले रहा है।

68. समीर:- समीर इस किताब के लेखक है।

69. सावर्णलता:- स्वर्ण लता अरविंद घोष की माता थी।

70. साहिल:- साहिल, पीयूष और आदेश का सहपाठी है। वह डॉक्टर सुशील का लड़का है। यह बहुत गुस्सैल और तेज तर्रार दिमाग का बच्चा है। यह अपने गुस्से पर कंट्रोल नहीं कर पाता है। पढ़ने में इसका मन कम ही लगता है। इसका शरीर बहुत ही लचकदार और फुर्तीला है। यह भविष्य में मेडिकल के क्षेत्र में या अपनी मर्जी के किसी भी क्षेत्र में काम कर सकता है।

71. सुभाष:- सुभाष जी फतेहपुर चक में राशन डीलर के नाम से प्रसिद्ध है। वे गांव में राशन वितरित किया करते हैं। वे एक किसान होने के साथ साथ समाज सेवा के कार्य करते रहते हैं। वे गांव के लोगों की हर समय सहायता करने के लिए तैयार रहते हैं। वे लोगों के साथ समता, भाईचारा, एकता की भावना को बढ़ाते हैं तथा कमज़ोर तथा पीड़ित व्यक्तियों के पक्ष में खड़े होकर उनकी सहायता करते हैं।

72. सुमित:- सुमित शामली का निवासी है। इसने अपनी 10वीं 12वीं तक की शिक्षा शामली से की है। उसके पश्चात बीए की परीक्षा जनता वेदिक कॉलेज बड़ौत से की है। उसके पश्चात एम ए इतिहास की परीक्षा समीर का जूनियर रहते हुए पास की है। सुमित को दो गोल्ड मेडलिस्ट विद्यार्थियों का साथ मिला है, एक समीर और एक राधा।

73. सुमित:- सुमित सनी का पड़ोसी है। वह डीएवी इंटर कॉलेज से ट्वेल्थ कर चुका है। वह एक मेहनती लड़का है। वह भविष्य में मेडिकल के

क्षेत्र में जाना चाहता है।

74. सुशीलः- डॉक्टर सुशील फतेहपुर चक के एक प्रसिद्ध इंसान है। वे लगभग 20 वर्ष से अधिक समय से मेडिकल क्षेत्र में काम कर रहे हैं। वर्तमान में वे अक्षय नर्सिंग होम, बड़ौत में अपनी सेवा दे रहे हैं। वे अपने घर के माध्यम से मरीजों, गरीबों का इलाज करके समाज सेवा में भूमिका निभाते हैं। वे समय के बड़े पाबंद, अनुशासित व्यक्ति है।

75. सुशीलः- सुशील भी रुद्रपुर से हैं। ये विजय का दोस्त है। यह भी एम ए ज्योग्राफी में कुमाऊं यूनिवर्सिटी का स्टूडेंट हैं। यह भी समीर को कैंप में मिले थे।

76. स्टडी टूरः- उस वक्त आगरा के ताजमहल, भोपाल के म्यूजिम, जनजातीय म्यूजिम, कत्थक, भोज ताल, शिव मंदिर व रायसेन के अंदर भीमबेटका की गुफाएं, सांची स्तूप, उदयगिरि की पहाड़ियां, कर्क रेखा आदि देखने के बाद हम लोग हबीबगंज रेलवे स्टेशन के माध्यम से वापस आए थे। वहां पर हमारे साथ प्रज्ञान सर, मधु मैम, प्रांजली, अरुणिमा, सुमित, राधा, विनय, मोनिका, मधु, सुभांगी, ज्योति, काजल, समीर आदि के साथ साथ बहुत से बच्चे गए थे।

श्री समीर।

# कुछ महत्वपूर्ण स्थानों की

1. उत्तर प्रदेश:- उत्तर प्रदेश सर्वाधिक जनसंख्या एवं हिंदी भाषा बोलने वाले सर्वाधिक लोगों का राज्य है। यह भारत का एक महत्वपूर्ण राज्य हैं। यह भारत की राजनीति, धर्म, संस्कृति, अर्थव्यवस्था में बड़ी भूमिका निभाता है। यहां पर अपराध बहुत ज्यादा होते हैं। वैसे योगी के मुख्यमंत्री बनने के बाद अपराध में कुछ कमी जरूर आई थी।

2. उत्तराखंड:- उत्तराखंड 2001 में स्वतंत्र राज्य बना था। तमिलनाडु:- तमिल नाडु भारत का एक दक्षिणी राज्य है। इसकी राजधानी चेन्नई है। चेन्नई से थोड़ा दक्षिण की ओर पांडिचेरी पड़ता है। वहीं पर श्री अरविंद और श्री मा द्वारा स्थापित ऑरोविले शहर है। जो पूर्ण रूप से श्री अरविंद की शिक्षा पद्धति को समर्पित है। वहां पर एक अलग ही दुनिया बसती है।

3. उधम सिंह नगर:- उधम सिंह नगर उत्तराखंड का एक जिला है।

4. ऋषिकेश:- ऋषिकेश हरिद्वार और देहरादून के बीच में पड़ने वाला एक शहर है। यहां पर लोग अनेक प्रकार की गतिविधियां किया करते है। खासतौर पर यज्ञ, तपस्या, साधना, ध्यान वगैरह के लिए यह स्थल प्रसिद्ध है। अधिकतर लोग वृद्धावस्था में आश्रमों में रहने के लिए यहां चले जाते हैं, तथा धार्मिक क्रियाकलापों में अपना जीवन व्यतीत करते हैं।

5. ऑरोविले शहर:- आरो विले शहर तमिलनाडु के पांडिचेरी में स्थित है।

6. औरोवैली आश्रम रायवाला:- उत्तराखंड के देहरादून जिले में ऋषिकेश के पास रायवाला में औरोवैली आश्रम में स्थित है। यह श्री अरबिंदो सोसायटी के द्वारा समर्थित तथा श्री अरविंदो एंड द मदर के द्वारा इंटीग्रल योगा की एजुकेशन देने में अग्रणी भूमिका निभाता है। यहां पर अध्यात्म का अनुभव लेने के लिए कोई भी जा सकता है। दुनिया

के अनेक देशों के पर्यटक और अध्यात्म प्रेमी यहां पर आते रहते हैं। पर्यटकों में इंग्लैंड, अमेरिका, ब्राज़ील, फ्रांस, जर्मनी, ऑस्ट्रिया, रूस, दक्षिण अफ्रीका, ऑस्ट्रेलिया, कनाडा, सिंगापुर, मलेशिया, थाईलैंड, नेपाल, भूटान, श्रीलंका, आदि देश प्रमुख है।

7. कानपुर:- कानपुर उत्तर प्रदेश का एक औद्योगिक नगर है। वर्तमान में इसके कपड़े के मिल बहुत ही नाजुक अवस्था में है। गणेश शंकर विद्यार्थी यहीं से संबंधित है। छत्रपति शाहू जी महाराज यूनिवर्सिटी कानपुर में ही है।

8. खैतान हाउस:- खैतान हाउस हरिद्वार गंगा नदी के बिरला घाट के तट पर है। यह एक धार्मिक स्थल है। यहां पर लोग ठहरने या तीर्थ यात्रा के दौरान जा सकते हैं।

9. गुड़गांव:- गुड़गांव हरियाणा का एक महानगर है। टोक्यो की तर्ज पर यह एक औद्योगिक राजधानी के रूप में विकसित होता जा रहा है।

10. छपरौली:- छपरौली बागपत का एक महत्वपूर्ण कस्बा है। यह उत्तर प्रदेश की एक विधानसभा सीट भी है। श्री नरेंद्र सिंह जी कई बार यहां के विधायक रह चुके हैं। प्रज्ञान सर इन्हीं के पुत्र हैं। यह यमुना नदी के किनारे पर स्थित है।

11. जमालपुर:- हरियाणा के औद्योगिक नगर गुड़गांव के एक गांव के रूप में जमालपुर की पहचान होती है। यहां पर अनेक कंपनियों ने वेयरहाउस बनाए हुए हैं। अमेजन कंपनी कि 2 साइट यहां पर है। DEL V और NCRU।

12. झारखंड:- झारखंड भारत का खनिज दृष्टिकोण से बहुत प्रसिद्ध एवं महत्वपूर्ण राज्य हैं। यह पर्यावरण के दृष्टिकोण से भी अग्रणी है। यहां पर अनेक जनजाति के लोग रहते हैं। क्योंकि इसका आर्थिक विकास कम हुआ है। इसी कारण वहां के लोगो की आर्थिक स्थिति ठीक नहीं है। इस कारण वहां के अधिकतर गरीब बच्चे और लोग दूर दूर के क्षेत्रों में काम करने के लिए जाते हैं।

13. तेजगढ़ी चौराहा:- मेरठ में हापुड़ बस स्टैंड से मेडिकल की ओर जाने पर तेजगढ़ी चौराहा आता है। चौधरी चरण सिंह विश्वविद्यालय, मेरठ इस चौराहे के बहुत नजदीक है। इसके बिल्कुल नजदीक कृष्णा

प्लाजा है। जहां पर सिनॉप्सिस, थीसिस, रिसर्च पेपर, रिसर्च प्रपोजल, टाइपिंग और फोटोस्टेट का कार्य होता है।

14. दिल्ली:- दिल्ली भारत की राजधानी है। यह प्राचीन काल के सात नगरों से मिलकर बनी है। दिल्ली का इतिहास विश्व के सर्वाधिक प्रसिद्ध और चर्चित शहरों जैसे इंग्लैंड, रोम, वाशिंगटन, बर्लिन, पेरिस, टोक्यो, सिंगापुर, बोस्टन, कलकत्ता जैसा ही रहा है। क्योंकि यहां पर प्राचीन काल से लेकर आधुनिक काल तक कोई ना कोई सामाजिक, धार्मिक, राजनीतिक, आर्थिक, सांस्कृतिक गतिविधि होती ही रहती है।

15. देहरादून:- देहरादून उत्तराखंड की राजधानी है तथा एक बहुत ही अच्छा पर्यटन स्थल भी। भारत समेत दुनिया के तमाम पर्यटक यहां पर घूमने के लिए जाते हैं। जहां पर वाइल्डलाइफ इंस्टीट्यूट ऑफ इंडिया स्थित भी है।

16. निजामपुर:- राजकीय आईएएस पीसीएस कोचिंग केंद्र निजामपुर, हापुड़ जिले में स्थित है। निजामपुर का रेलवे स्टेशन भी लगता है।

17. पश्चिम उत्तर प्रदेश:- उत्तर प्रदेश राज्य भारत का एक विशाल राज्य है, इसको सांकेतिक रूप से चार भागों में बांटा जाता है। इसके पश्चिम भाग को पश्चिम उत्तर प्रदेश (हरित प्रदेश), पूर्वी भाग को पूर्वांचल, दक्षिणी भाग बुंदेलखंड और उत्तरी भाग को बघेलखंड के नाम से पुकारा जाता है।

18. पश्चिम बंगाल:- पश्चिम बंगाल, अविभाजित बंगाल के पश्चिमी भाग का नाम है तथा पूर्वी बंगाल वर्तमान में बांग्लादेश है। 1905 में बंगाल का बंटवारा कर्जन ने कर दिया था। यह पूर्वी भारत का एक समृद्ध क्षेत्र है। यहां से गंगा और हुगली नदी बहती है। यह बंगाल की खाड़ी के बहुत नजदीक है। कृषि और मत्स्य पालन के दृष्टिकोण से बंगाल बहुत ही गजब है। वहां की संस्कृति काबिले तारीफ है। पहले कलकत्ता भारत की राजधानी हुआ करती थीं। वर्तमान में यह पश्चिम बंगाल की राजधानी है।

19. फतेहपुर चक:- फतेहपुर चक बागपत जिले की बड़ौत तहसील के अंदर एक छोटा सा गांव है। फतेहपुर चक के पास बूढ़पुर और

कासिमपुर खेड़ी रेलवे स्टेशन है। इसे बस की सुविधा किशनपुर बिराल बस स्टैंड से उपलब्ध है। फतेहपुर चक से लगभग 3 किलोमीटर की दूरी पर है। इस पुस्तक के लेखक समीर यहीं के निवासी हैं।

20. बड़ौत:- यह पश्चिमी उत्तर प्रदेश के बागपत जिले का एक प्रमुख कस्बा तथा एक तहसील भी है। बड़ौत दिल्ली से 50 किलोमीटर और मेरठ से 60 किलोमीटर की दूरी पर स्थित है। यहां पर अनेक डिग्री कॉलेज है। एक रेलवे स्टेशन, कई अस्पताल तथा बस स्टैंड भी है। यहां से मुजफ्फरनगर, शामली, सहारनपुर, हरिद्वार, ऋषिकेश, दिल्ली, छपरौली, किरठल आदि की बस मिलती है। यहीं पर दिगंबर जैन डिग्री कॉलेज, जनता वेदिक डिग्री कॉलेज भी है। बड़ौत के समीप बिजरोल गांव में शाहमल और कोताना में बेगम समरू का जन्म हुआ था।

21. बदायूं:- उत्तर प्रदेश का एक जिला बदायूं है। मध्यकाल में जब कुतुबुद्दीन ऐबक दिल्ली का सुल्तान था, उस समय इल्तुतमिश बदायूं का गवर्नर था। ऐबक की मौत के बाद इल्तुतमिश बदायूं से दिल्ली पहुंचा था। बदायूं मध्यकालीन इतिहास की दृष्टि से बहुत ज्यादा समृद्धि है। वहां पर कृषि की अनुकूलतम संभावनाएं हैं। वहां की जलवायु और पर्यावरण बहुत ही शानदार है।

22. बहालगढ़:- बालगढ़ सोनीपत जिले में स्थित एक शहर है तथा यहां बहुत से औद्योगिक कंपनियों के ऑफिस एवं फैक्ट्रियां हैं। बालगढ़ से 3 किलोमीटर पानीपत की ओर अमेज़न DEL 4 कंपनी है।

23. बागपत:- बागपत पश्चिमी उत्तर प्रदेश मे स्थित है। यह 1997 के आसपास मेरठ से अलग होगा एक जिला बना था। इस का प्राचीन नाम व्याघ्र प्रस्थ तथा बागपत था।

24. बिरला घाट:- बिरला घाट हर की पौड़ी से लगभग 900 मीटर दूर है। यह गंगा नदी के बिल्कुल तट पर है। यहां पर लोग स्नान करने जाते हैं। खैतान हाउस गंगा नदी के तट के बिल्कुल पास है।

25. बूढ़पुर:- बूढ़पुर, फतेहपुर चक के पास एक गांव है। यह बागपत जिले के अंतर्गत आता है। इसका रेलवे स्टेशन भी है। किशनपुर बिराल:-

किशनपुर बिराल बड़ौत से लगभग 13 किलोमीटर दूर और कांधला से लगभग 12 किलोमीटर दूर है। यह बागपत का एक बड़ा गांव है, तथा यहां बहुत सारे प्राइवेट और 1 सरकारी इंटर कॉलेज उपलब्ध है। बागपत के मौजूदा सांसद एवं पूर्व मंत्री डॉ सत्यपाल सिंह ने यही डीएवी इंटर कॉलेज से इंटर की थी।

26. भारत:- भारत क्षेत्रफल की दृष्टि से विश्व का सातवा सबसे बड़ा देश तथा जनसंख्या की दृष्टि से दूसरा सबसे बड़ा देश है। भारत हर प्रकार से समृद्ध है। लेकिन यहां की सांप्रदायिक ताकतों से यह कमज़ोर हो रहा है।

27. भुवनेश्वर:- भुवनेश्वर उड़ीसा की राजधानी है। यहां पर लिंगराज मंदिर है। यह महानदी के तट पर बसा एक संपन्न शहर है। कलिंग इंस्टिट्यूट ऑफ टेक्नोलॉजी यहीं पर है।

28. मलकपुर:- मलकपुर बड़ौत के बहुत पास है। इस गांव में बहुत से पहलवान है। जो भारत के बाहर कुश्ती में कई बार जीत चुके हैं। सुभाष पहलवान का नाम विशेष तौर पर लिया जाता है। आसिफ़ भी मलकपुर से ही है।

29. मुजफ्फरनगर:- मुजफ्फरनगर उत्तर प्रदेश का एक जिला है तथा उत्तराखंड से टच है। यहां पर मेडिकल कॉलेज है। यह एग्रीकल्चर में काफी समृद्ध है।

30. मेरठ:- मेरठ का प्राचीन से लेकर आधुनिक काल तक भारत के इतिहास में विशेष महत्व है। 1857 की क्रांति मेरठ से ही हुई थी। उसके पश्चात पूरे भारत के अलग-अलग क्षेत्र में फैली। वर्तमान में दिल्ली से रैपिड मेट्रो ट्रेन मेरठ तक लाई जा रही है। मेरठ में चौधरी चरण सिंह विश्वविद्यालय, चौधरी चरण सिंह कृषि विश्वविद्यालय, स्वामी विवेकानंद सुभारती विश्वविद्यालय, शोभित विश्वविद्यालय, बड़े-बड़े हॉस्पिटल, हर प्रकार की सुविधा उपलब्ध है। यहां के सांसद राजेंद्र अग्रवाल है। प्रज्ञान सर भी मेरठ में ही रहते हैं।

31. मोहम्मदपुर: मोहम्मदपुर उत्तराखंड का एक कस्बा है।

32. रुड़की:- रुड़की उत्तराखंड का एक प्रसिद्ध शहर है। यहां पर एशिया

के सबसे प्राचीन इंजीनियरिंग कॉलेजों में से एक आईआईटी रुड़की है। वह भारत में एक इंजीनियरिंग का अग्रणी संस्थान है।

33. रूद्रपुरः- रूद्रपुर एक औद्योगिक शहर है। यह उत्तराखंड राज्य के उधम सिंह नगर जिले के अंतर आता है।

34. विश्वः- पृथ्वी के सभी देशों को मिलाकर विश्व कहा जाता है।

35. वैष्णो माता का मंदिरः- वैष्णो माता का मंदिर हिंदू धर्म के प्रमुख तीर्थ स्थलों में गिना जाता है। यह एक पहाड़ी पर स्थित है। गंगा नदी के बहुत ही करीब है, समीर इसे देखने एक बार गया था।

36. शामलीः- शामली का दूसरा नाम प्रबुद्ध नगर है। मायावती ने इसे मुजफ्फरनगर से अलग करके एक स्वतंत्र जिला बनाया था। यह सहारनपुर मुजफ्फरनगर और बागपत से टच है। इसका एक हिस्सा हरियाणा के पानीपत से लगा हुआ है।

37. शाहजहांपुरः- शाहजहांपुर उत्तर प्रदेश का एक जिला है। यह कृषि के लिहाज से बहुत ही उन्नत है। इस जिले में पवाया तहसील के पास डॉ मनमोहन सिंह के लड़के की एक फैक्ट्री है।

38. सारेगामा रेडियोः- आधुनिक प्रौद्योगिकी युग में प्रतीक चिन्ह डिजिटल होती जा रही है। सारेगामा रेडियो भी डिजिटल रेडियो है। इसके अंदर प्रीलोडेड हिंदी, अंग्रेजी समेत कई भाषाओं के गाने, भजन, आरती, संगीत आदि उपलब्ध होते हैं। इस पर लाइव रेडियो कार्यक्रम भी चलते है।

39. सोनीपतः- सोनीपत, पानीपत और बागपत के पास ही है। यह हरियाणा का एक बहुत ही समृद्ध जिला है। नीरज चोपड़ा यहीं से थे। यहां पर अनेक फैक्ट्री है। इसका बॉर्डर दिल्ली के नरेला से टच होता है। दूसरी तरफ पानीपत से और एक तरफ बागपत से यमुना नदी तक फैला हुआ है।

40. हर की पौड़ीः- हरिद्वार में गंगा नदी के तट पर हर की पौड़ी के समीप हैं। इसके पास वैष्णो माता का मंदिर है। वहां पर अधिकतर हिंदू धर्म के धार्मिक लोग पूजा पाठ के उद्देश्य से कभी न कभी जरूर जाते हैं।

41. हरिद्वारः- प्राचीन काल से ही हरिद्वार की भूमिका भारत के इतिहास, भूगोल, संस्कृति, दर्शन में बड़ी महत्वपूर्ण रही है। यह

वर्तमान में उत्तराखंड में पड़ता है। यहां से गंगा नदी बहती हुई उत्तर प्रदेश में प्रवेश करती है। हरिद्वार पर्यावरण के दृष्टिकोण से बहुत महत्वपूर्ण है।

42. हापुड़ अड्डा:- मेरठ के बेगम पुल से अंदर की ओर आने पर हापुड़ अड्डा आता है। एक तिराहे को हापुड़ अड्डा कहकर पुकारा गया है।

43. हापुड़ बस स्टैंड:- हापुड़ अड्डे से मेडिकल की ओर जाने पर हापुर बस स्टैंड आता है। इसका नाम सोहराब गेट बस स्टैंड है। यहां से बुलंदशहर, हापुड़, लखनऊ, कानपुर और दिल्ली भी बस जाती है।

44. हापुड़:- पश्चिमी उत्तर प्रदेश के मेरठ और गाजियाबाद जनपद से लगा हुआ हापुड़ उत्तर प्रदेश का क्षेत्रफल में सबसे छोटा जिला है। यहां पर राजकीय आईएएस पीसीएस कोचिंग केंद्र निजामपुर में है। इसके अलावा प्रसिद्ध कवि कुमार विश्वास भी हापुड़ के पिलखुवा से ही है।

श्री समीर।

# कुछ महत्वपूर्ण संक्षिप्ताक्षरों की

इस पुस्तक के लेखन में अनेक संक्षिप्त शब्दों का प्रयोग किया गया है, जिनका पूर्ण अर्थ दिया जाना उचित था, इसी को ध्यान में रखते हुए पाठकों एवं शोधार्थियों की सहायता हेतु कुछ महत्वपूर्ण शब्दों का विवरण दिया जा रहा है।

ALLD. Univ.:- Allahabad University

APS:- Alpine Public School

AYC:- Auro Youth Camp

BA:- Bachelor of Arts

BHU:- Banaras Hindu University

BSC:- Bachelor of Science

CBZ:-. Chemistry, Biology, Zoology

CCSU:- Chaudhary Charan Singh University

DAV PG:- Dayanand Anglo Vedic Post-Graduate College

DIKSHA:- Digital Infrastructure for Knowledge Sharing

DJC:- Digambar Jain College

DJIC:- Digambar Jain Inter College

DU:- Delhi University

GOOGLE:- Global Organization of Oriented Group Language of Earth

IAS:- Indian Administrative Service

IIT:- Indian Institute of Technology

IPS:- Indian Police Service

JMI:- Jamia Millia Islamia

JRF:- Junior Research Fellowship

JVC:- Janta Vedic College

KIIT:- Kalinga Institute of Technology

LLB:- Bachelor of Legislative Law

LOCKDOWN:- Lockdown means lock any Village, Town or City, State or Country.

M. S. SPORTS WEAR:- Muntiyaz Shah Sportswear

MA:- Master of Arts

MBA:- Master of Business Administration

N I E L I T:- National Institute of Electronics and Information Technology

NCC:- National Cadet Corps

NET:- National Eligibility Test

NGO:- Non-Governmental Organisations

NMI:- National Museum Institute

NPTEL:- National Program on Teaching and Enhance Learning

PCS:- Provincial Civil Service

PHD:- Doctor of Philosophy

PIN:- Personal Identification Number

PUBG:- Play in Unknown Battle Ground

SAS:- Sri Aurobindo Society

SWAYAM:- Study Webs of Active–Learning for Young Aspiring Minds

UGC:- University Grant Commission

UP:- Uttar Pradesh

UPSC:- Union Public Service Commission

YTTC:- Yoga Teacher Training Certificate

ZOOM:- Z Object Oriented Model

श्री समीर।

# साक्षात्कार

मैंने इस पुस्तक के लेखन में किसी व्यक्ति के साक्षात्कार को आधार नहीं बनाया गया है। लेकिन इस पुस्तक में ऐसे तमाम साक्षात्कार को शामिल किया गया है, जो लेखक के साथ भौतिक किया वर्चुअल तरीके से हुए हैं। अधिकतर बातें आंखों के सामने घटित हुई है। बाकि कुछ तथ्य व्हाट्सएप चैट के प्रस्तुत किए गए हैं, जो एक प्रकार से प्राथमिक स्रोत का काम करते हैं। इक्कीसवीं सदी के अनुसंधानो में साक्षात्कार का विशेष महत्व है। इसलिए उन साक्षात्कार का प्रयोग अनुसंधान में किया जाना उचित है।

*27 तारीख़ का फोटो*

श्री समीर।

# क्षेत्र कार्य

क्योंकि यह कार्य एक जगह रहने का नहीं था। लेखक अपने इस कार्य को पूरा करने के लिए 1 दिन में अनेक कार्य करता है। कभी दिल्ली, बड़ौत, बागपत जाता है। कभी उत्तर प्रदेश या उत्तराखंड जाता है। प्रत्येक जगह की घटनाओं के माध्यम से लेखक ने अपने अनुभव को साक्ष्य के आधार पर लिखा है। उसने बहुत कुछ सीखा भी है। वह अमीरों, गरीबों, राजनीतिज्ञों, संत महात्माओं, दुखी लोगों, सुखी लोगों, पुरुषों, महिलाओं, विभिन्न जाति, समाज, पशु पक्षियों, नदी, प्रकृति, समाज, यूनिवर्सिटी, अस्पताल आदि तमाम चीजों को देखने के बाद वह अपने अनुभव को लिखता है। यह पुस्तक क्षेत्र कार्य का एक अच्छा उदाहरण है। शोधार्थी इस पुस्तक के माध्यम से क्षेत्र कार्य के महत्व को समझ सकते हैं।

योगा हॉल की फोटो

श्री समीर।

# कुछ महत्वपूर्ण

- मैप:-

इस पुस्तक के निर्माण में हमें अनेक मैप की आवश्यकता पड़ने वाली थी। इसलिए हमने पाठकों के ज्ञान में वृद्धि करने के लिए कुछ मैप को दे चुके हैं। जिनमें वर्ल्ड मैप, भारत का मैप, उत्तर प्रदेश का मैप, उत्तराखंड का मैप विशेष है। इन मैप के माध्यम से उन लोकेशंस को दिखाया और समझाया गया है, जिन लोकेशंस से हमारा परिचय हुआ है।

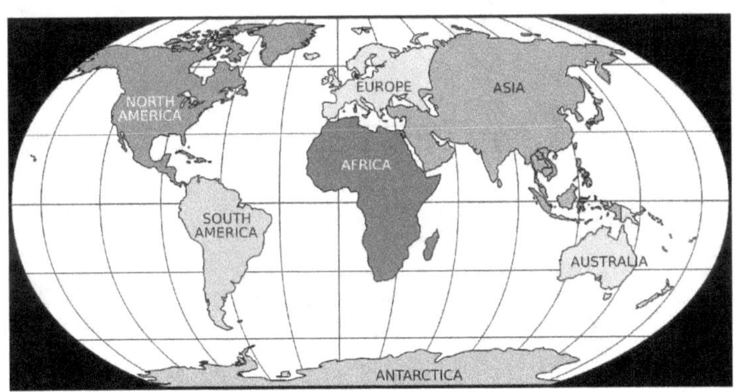


विश्व मानचित्र

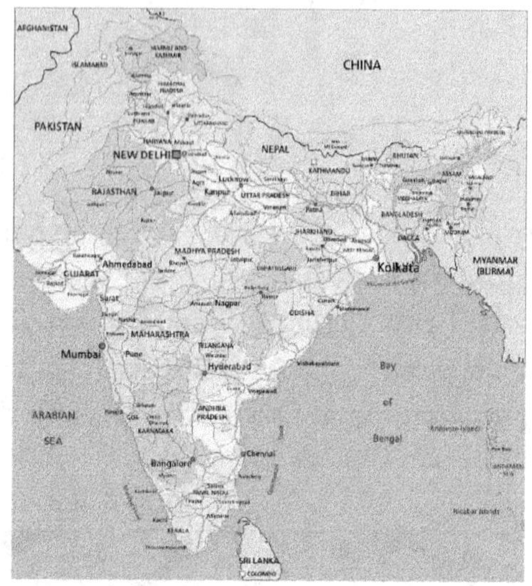


भारत का मानचित्र

श्री समीर।

# श्री अरविंद सोसाइटी की संक्षिप्त जानकारी

श्री अरविंद सोसायटी एक रजिस्टर्ड सोसायटी है, जिसका मुख्य व्यवस्थात्मक कार्यालय पुद्दुचेरी में है। इसके अन्तर्गत भारत में तथा भारत से बाहर अनेक केन्द्र एवं शाखाएं हैं 1 इसके अनेक सदस्य है। श्री अरविंद सोसायटी की संस्थापक एवं स्थायी अध्यक्षा श्रीमां है।

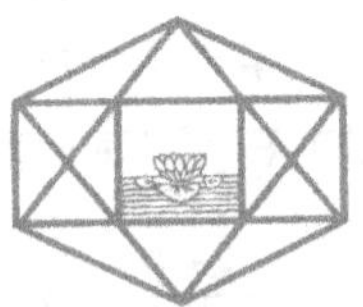



### श्रीअरविंद सोसायटी का लोगो

श्री अरविन्द सोसायटी की स्थापना सन 1960 में श्री मां ने की । इसका उद्देश्य श्री अरविन्द के दिव्य विचारों, आदर्शों, महान शिक्षाओं तथा उनकी पूर्ण योग की साधना पद्धति से प्रत्येक को अवगत कराना तथा दैनिक जीवन में उतारने हेतु प्रेरित करना, ताकि मानव समाज अशांति, अज्ञान, अविद्या, अहंकार, अंधकार, रोग, शोक, जरा आदि से मुक्त होकर दिव्य शांति, सत्य, प्रेम, शक्ति, प्रकाश और ऊर्जा को प्राप्त कर आनंदमय जीवन जी सके।

- यह एक ऐसा सामूहिक प्रयास है, जिसके द्वारा धरती पर एक आध्यात्मिक मानव समाज की रचना कर नये विश्व के निर्माण के लिये 'भागवत-पुत्रों' की नवीन जाति विकसित कर सके।
- व्यक्तिगत रूपांतर अर्थात् प्रत्येक व्यक्ति विकास द्वारा जीवन में ऐसी परिपूर्णता लाने का प्रयास करे जिसके द्वारा उसे भागवत

उपस्थिति के साथ पूर्ण एकत्व प्राप्त हो सके।

* सामाजिक रूपान्तर एवं सामूहिक जीवन का ऐसा विकास जिससे चारों और ऐसा अनुकूल वातावरण तथा सामाजिक व्यवस्था उत्पन्न करना जो प्रत्येक व्यक्ति के खिलने तथा विकसित होने के लिए अनुकूल हो। ताकि वह इस प्रकार मानवता के विकास और पूर्णता में अपना योगदान देने वाला शक्ति स्त्रोत बन सके।

समरसता पूर्ण और सुसंगठित वैविध्य के अंतर्गत ऐसी मानव एकता की उपलब्धि जिससे प्रत्येक राष्ट्र अपनी वास्तविक प्रतिभा के प्रति चेतन बन सके तथा संपूर्ण मानवता के लिए अपना सर्वोत्तम योगदान दे सके।

श्रीअरविन्द सोसायटी का मुख्य उद्देश्य मानव के संपूर्ण जीवन का रूपांतरण है उसके व्यापक कार्यक्रम के दायरे में सभी प्रकार की गतिविधियां आ जाती है। सोसायटी 'संयुक्त राष्ट्र शिक्षा, विज्ञान, संस्कृति संगठन-युनेस्को की सदस्य है और भारत सरकार द्वारा उसे सामाजिक विज्ञान में शोध की संस्था के रूप में मान्यता मिली है।

श्री अरविन्द ने कहा है, "अगर हम सर्वत्र अलग-थलग रहें तो भी, निस्संदेह, कुछ न कुछ किया जायेगा। लेकिन अगर हम एक समूह के अंग के रूप में रहे तो अपेक्षतः सौ गुना अधिक किया जा सकेगा।" सोसायटी का यही उद्देश्य है कि उन सब स्त्री-पुरुषों को एक सूत्र में पिरोया जाये जो एक नये विश्व के आगमन के लिये समर्पित है वे चाहे किसी भी राष्ट्र, संप्रदाय या धर्म के क्यों न हों।

श्री अरविन्द सोसायटी के सदस्य और केंद्र –

भारत और विश्व भर में श्री अरविन्द सोसायटी के अनेक सदस्य, केंद्र और शाखाएं हैं। सदस्यता की कई श्रेणियां हैं, आप एक वर्ष के लिये भी सदस्य बन सकते हैं या फिर कई वर्षों के लिये। संस्थाएं भी इसका सदस्य बन सकती है। इसकी सदस्यता ग्रहण कर हिन्दी, अंग्रेजी तथा कुछ प्रांतीय भाषाओं में प्रकाशित मासिक पत्रिका प्राप्त कर सकते हैं।

सोसायटी का सदस्य बनने का अर्थ है श्री मां की सक्रिय शक्ति के साथ संबंध स्थापित करना ताकि हम धरती पर क्यों आये हैं ? तथा क्या

पाना चाहते है ? इसका प्रत्युतर प्राप्त करते हैं। इस प्रकार प्रत्येक के लिये अज्ञान से निकलकर सम्पूर्ण जीवन को ही महत्तर चेतना में रूपांतरित करने का सुअवसर है।

सभी केंद्र और शाखाएं बहुआयामी गतिविधियों – योग ‚ शिक्षा ‚ स्वास्थ्य ‚ भारतीय संस्कृति, कला ‚ जीवन – प्रबंधन ‚ मनोविज्ञान ‚ ग्रामीण विकास ‚ बालक ‚ युवा ‚ नारी ‚ प्रसव पूर्व शिक्षा तथा मानव के आंतरिक विकास आदि पर प्रशिक्षण-शिविरों, संदेश प्रसार तथा वार्ताओं के माध्यम से कार्य कर रही है।

भारत में श्री अरविंद सोसाइटी के केंद्र और शाखाएं मुख्यतः साधना और भगवान की सेवा की केंद्र है। कुछ केन्द्रों के निजी फार्म, विद्यालय, कुटीर-उद्योग हैं जिन्हें वे आदर्श संस्थाएं बनाने के प्रयास में है। अधिकतर केंद्र प्रार्थना-ध्यान और गोष्ठियाँ करते हैं। भारत में और भारत के बाहर नियमित रूप से साधकों के लिये मानव एकता और विश्व संस्कृति पर नियमित गोष्ठियाँ, आध्यात्मिक सम्मेलन, सभाएं, विभिन्न कलाओं के प्रशिक्षण शिविर, प्रदर्शनियाँ और सांस्कृतिक कार्यक्रम, स्वाध्याय-शिविर, बालक तथा युवा-शिविर और नारी विकास के प्रशिक्षण-सत्र भी आयोजित किये जाते हैं। वर्तमान में वेबिनार के माध्यम से आँरो युथ युवाओं में तथा नारी-परिषद् नारियों में आंतरिक जागृति उत्पन्न करने तथा उनकी शक्ति को नये विश्व के निर्माण हेतु प्रेरित करने का विशेष कार्य कर रहे हैं । विभिन्न विषयों के विद्वानों को आमंत्रित कर वार्ताएं प्रसारित की जा रही है।

**श्रीअरविन्द सोसायटी की कुछ गतिविधियां एवं प्रयास –**

श्री अरविन्द सोसायटी संसार की कई भाषाओं में पुस्तकें, पुस्तिकाएँ और संवाद-पत्रों का प्रकाशन करती है। योग और साधना संबंधी पुस्तकों के अतिरिक्त सर्वजन की रुचि के लिये भारत, शिक्षा, बच्चों, प्रकृति और फूलों संबंधी विषयों पर भी एक अधिक गहरे एवं आध्यात्मिक दृष्टिकोण को लेकर पुस्तकों का प्रकाशन किया जाता है। संस्कृत भाषा पर विशेष शिक्षण दिया जाता है ।

यहाँ शिक्षण – उपकरण ‚ खेल-कूद ‚ खिलौनों ‚ भारतीय संस्कृति, चेतना द्वारा प्रबंधन ‚ स्वास्थ्य, अप्रचलित ‚ ऊर्जा – स्त्रोतों ‚ समुचित

टेक्नालजी , जड़ी – बूटी से तैयार औषधियों , जैव-ऊर्जा तथा सर्वाधिक महत्वपूर्ण मनुष्य की प्रसुप्त क्षमताओं के जागरण के लिए शोध कार्य किये जा रहे हैं 1 'ऑरो सर्विस' के द्वारा सच्चाई , सेवा और आध्यात्मिकता पर आधारित आर्थिक ढाँचे के निर्माण का प्रयास किया जा रहा है 1

जानना अच्छा है, जीना उससे भी अच्छा है, होना उससे भी अच्छा यानि पूर्णता है।

– श्रीमां

स्रोतः- http://sriaurobindosocietyindore.com

# ऑरोविल की संक्षिप्त जानकारी

ओरोविल (शाब्दिक अर्थ : ऊषा नगरी अथवा नवजीवन की नगरी) दक्षिण भारत स्थित पुडुचेरी के पास तमिलनाडु राज्य के विलुप्पुरम जिले में एक "प्रायोगिक" नगरी है। इसकी स्थापना 1968 में मीरा रिचर्ड (भारत में निश्चित तौर पर बस जाने के बाद उन्हें "मां" कहा जाने लगा) ने की तथा इसकी रूपरेखा वास्तुकार रोजर ऐंगर ने तैयार की थी। ओरोविल का तात्पर्य एक ऐसी वैश्विक नगरी से है, जहां सभी देशों के स्त्री-पुरुष सभी जातियों, राजनीति तथा सभी राष्ट्रीयता से ऊपर उठकर शांति एवं प्रगतिशील सद्भावना की छांव में रह सकें। ओरोविल का उद्देश्य मानवीय एकता की अनुभूति करना है।

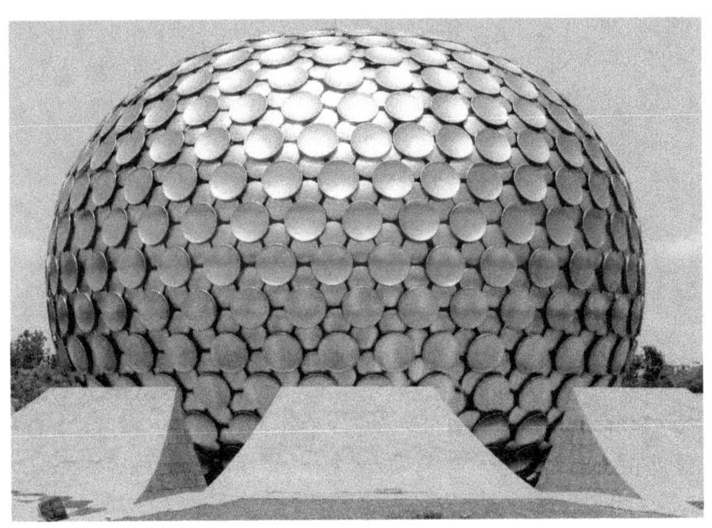

मातृ मंदिर : ऑरोविले

स्रोतः- विकीपीडिया।

# ऑरोवैली आश्रम की संक्षिप्त जानकारी

ऑरोवैली उत्तराखंड राज्य में, उत्तर भारत में, हरिद्वार और ऋषिकेश के पवित्र शहरों के बीच और पवित्र गंगा नदी के तट पर हिमालय पर्वत श्रृंखला की तलहटी में, रायवाला के छोटे से गांव के पास एक आंतरिक ग्रामीण इलाके में स्थित है।

आश्रम का फोटो

मौसम

दिसंबर और जनवरी से फरवरी के मध्य तक सर्दियों का समय होता है। बर्फ नहीं पड़ती है लेकिन रात में ठंड (0°C) हो सकती है। फरवरी, मार्च और अप्रैल के महीनों के साथ-साथ अक्टूबर और नवंबर के महीनों के दौरान आपको बहुत सुखद मौसम मिलेगा। मई, जून से जुलाई के मध्य तक मौसम गर्म रहता है। मानसून या बरसात का मौसम मध्य जुलाई और सितंबर के बीच होता है। उस दौरान तापमान गिरता है लेकिन आर्द्रता बढ़ जाती है।

कैसे पहुंचे

आप नई दिल्ली हवाई जहाज, ट्रेन या सड़क मार्ग से ऑरोवैली पहुँच सकते हैं।

हवाई जहाज से निकटतम अंतरराष्ट्रीय हवाई अड्डा नई दिल्ली में है और निकटतम घरेलू हवाई अड्डा देहरादून में है, जो ऑरोवैली से 40 मिनट की दूरी पर है। दिल्ली से देहरादून के लिए नियमित उड़ानें हैं। इनमें से किसी भी एयरपोर्ट पर एयरपोर्ट पिकअप की व्यवस्था की जा सकती है। ऐसा करने के लिए, कृपया हमसे संपर्क करें।

ट्रेन से दिल्ली से कई ट्रेनें आ रही हैं, जिनमें से सबसे अच्छी ट्रेन को शताब्दी-देहरादून एक्सप्रेस कहा जाता है। यह नई दिल्ली ट्रेन स्टेशन से दिन में दो बार निकलती है और हरिद्वार तक की यात्रा में 4:15 घंटे लगते हैं। चेयर कार और एक्जीक्यूटिव क्लास आरामदायक हैं और इनमें भोजन और मिनरल वाटर शामिल हैं।

हरिद्वार ट्रेन स्टेशन पर टैक्सी में लेने के लिए, कृपया हमसे संपर्क करें। आपके पास रेलवे स्टेशन पर टैक्सी किराए पर लेने का विकल्प भी हो सकता है। यात्रा में लगभग 40 मिनट लगते हैं।

आप टैक्सी की आधी कीमत पर एक एक्सप्रेस ऑटो-रिक्शा भी किराए पर ले सकते हैं, या रायवाला के लिए एक सार्वजनिक ऑटो-रिक्शा ले सकते हैं और रायवाला से आप अंतिम 3 किमी की दूरी तय करने के लिए एक एक्सप्रेस ऑटो-रिक्शा चला सकते हैं या किराए पर ले सकते हैं।

सड़क मार्ग से हम आपको दिल्ली हवाई अड्डे पर या नई दिल्ली में

आपके होटल में लेने के लिए एक टैक्सी भी भेज सकते हैं। कृपया हमसे सम्पर्क करें। दिल्ली से ऑरोवैली (212 किमी) तक ड्राइव करने में लगभग 7 घंटे लगते हैं।

ऑरोवैली आश्रम पहुंचने का सबसे सस्ता तरीका बस है। यदि आप दिल्ली से आते हैं तो आप ऋषिकेश या देहरादून (हरद्वार के रास्ते) के लिए बस ले सकते हैं और रायवाला में रुक सकते हैं। आप या तो 3 किमी चल सकते हैं या एक एक्सप्रेस ऑटो-रिक्शा किराए पर ले सकते हैं।

भोजन और आवास

खाना पूरी तरह से शाकाहारी है। इसमें दुग्ध उत्पाद शामिल हैं और यह मसालेदार नहीं है। फिल्टर्ड पेयजल उपलब्ध है।

1 से 4 लोगों के ठहरने की व्यवस्था या तो कमरे या अपार्टमेंट में की जा सकती है। कमरे सरल और साफ हैं, सभी निजी बाथरूम और सौर जल तापन प्रणाली के साथ हैं। सभी कमरों में सर्दियों के लिए गद्दे, चादरें, तकिए और रजाई हैं।

ऑरोवैली धूम्रपान, नशीली दवाओं, उत्तेजक और शराब से मुक्त है।

क्या लायें

आपको केवल अपना व्यक्तिगत सामान लाने की आवश्यकता है। मौसम के अनुसार आरामदायक कपड़े और आसानी से उतारे जाने वाले जूते ले आएं। आश्रम में आप तौलिया, साबुन, टॉयलेट पेपर आदि खरीद सकते हैं। एक मशाल की भी सिफारिश की जाती है। यदि आप विशेष दवाएं ले रहे हैं तो हम आपको उन्हें अपने साथ लाने की सलाह देते हैं क्योंकि नाम और गुण भारतीय बाजार से भिन्न हो सकते हैं।

यह भी सलाह दी जाती है कि महिलाएं स्थानीय परंपरा का पालन करें और परेशान होने के जोखिम से बचने के लिए गंगा नदी में स्नान करने के लिए भी पैरों और कंधों को ढकने वाले कपड़े लाएं। इस नदी को मंदिर माना जाता है; शॉर्ट्स या पश्चिमी शैली के स्नान सूट का उपयोग करना सांस्कृतिक रूप से स्वीकार्य नहीं है।

स्रोतः- http://www.aurovalley.com

# उक्त ग्रंथ के निर्माण में प्रयुक्त सामग्री

इस पुस्तक के लेखन में मैंने बहुत से उपकरणों का इस्तेमाल किया है। मैं आप लोगों के सामने उन उपकरणों का उल्लेख भी कर रहा हूं। ताकि आप सभी लोग भविष्य में अपनी पुस्तक के लेखन कार्य को शुरू करते समय उन चीजों का ध्यान रखें या इस्तेमाल करें। शुरुआती लेखन पत्थरों, ताड़पत्रों, ताम्रपत्रों, कपड़ों, कागज आदि के ऊपर लिखा करते थे। लेकिन आज चीज़ें बिल्कुल बदल चुकी है। वर्तमान में पेन, टाइपराइटर, वॉइस टाइपिंग सॉफ्टवेयर मार्केट में उपलब्ध है। किसको जो अच्छा लगे उसका प्रयोग कर सकते हैं। इस पुस्तक को तैयार करने में मैंने मुख्यतः दिमाग़, पैन, पेपर, पैसे, कंप्यूटर, मोबाइल और एकांत स्थान का इस्तेमाल किया है। मैं कंप्यूटर के लिए दादी जी का, मोबाइल के लिए पीयूष का, अपने दिमाग के लिए अपने माता पिता और अपने समस्त गुरुजनों (विशेषतः प्रज्ञान सर और शौकेंद्र सर), मुझे कर्ज मुक्त पैसे देने वाले लोगों और मुझे एकांत में छोड़ने के सभी लोगों का धन्यवाद। आप लोग जिस उद्देश्य से इस पुस्तक को पढ़ रहे थे, क्या वह उद्देश्य पूरा हो गया? यह राह बड़ी मुश्किल है, लेकिन फिर भी आप लोग चलते रहिए। अंततः एक न एक दिन आपको मंजिल मिल ही जाएगी क्योंकि आप निकले हो सत्य की तलाश में...

ऑरोवैली की एक सुबह

श्री समीर।

# किसी विद्वान द्वारा लिखित एक हृदय विदारक कविता

किसी विद्वान द्वारा लिखित एक हृदय विदारक कविता

"आगे सफर था और पीछे हमसफर था...
रूकते तो सफर ना रूकते तो हमसफर छूट जाता...
मंजिल की भी हसरत थी और उनसे भी मोहब्बत थी...
मुद्दत का सफर भी था और बरसों का हमसफर भी
था...
रूकते तो बिछड़ जाते और चलते तो बिखर जाते...
बस यूँ समझ लो...
कि प्यास लगी थी गजब की, मगर पानी में जहर था...
पीते तो मरते और ना पीते तो भी मर जाते...
ऐ दिल तू ही बता, उस वक़्त हम कहाँ जाते...?
बस यही दो मसले, जिंदगीभर हल ना हुए...
ना नींद पूरी हुई, ना ख्वाब मुकम्मल हुए...
वक़्त ने कहा, काश थोड़ा और सब्र होता...
सब्र ने कहा, काश थोड़ा और वक़्त होता।
हमें हर सुबह उठना पड़ता है कमाने के लिए जनाब...
आराम कमाने निकलते हैं आराम को छोड़कर...
इस दुनिया में हुनर सड़कों पर तमाशा करता है और
"किस्मत" महलों में राज करती है...
शिकायतें तो बहुत है तुझसे ऐ जिन्दगी...
पर चुप इसलिये हूं, कि जो तूने दिया है...
वो भी बहुतों को नसीब नहीं होता...
अजीब सौदागर है ये वक़्त भी जनाब...
जवानी का लालच देकर बचपन ले गया...
अब अमीरी का लालच देकर जवानी ले जाएगा...
लौट आते हैं हम रोज़ थके-हारे...

किसी विद्वान द्वारा लिखित एक हृदय विदारक कविता

आज तक ये समझ नहीं आया कि जीने के लिए काम
करता हूँ या काम करने के लिए जीता हूँ।
बचपन में सर्वाधिक पूछा गया सवाल:-
बड़े हो कर क्या बनना है ?
जवाब अब मिला है;-
फिर से वही बच्चा बनना हैं।
भरी जेब ने दुनिया की पहचान करवाई और खाली जेब
ने अपनों की...
जब लगे पैसा कमाने, तो समझ आया कि...
शौंक तो मां-बाप के पैसों से पूरे होते थे...
अपने पैसों से तो सिर्फ जरूरतें पुरी होती है...
हंसने की इच्छा ना हो, तो भी हसना पड़ता है...
कोई जब पूछे कि कैसे हो...?
मजे में हूँ कहना पड़ता है...
ये ज़िन्दगी का रंगमंच है दोस्तों...
यहाँ हर किसी को अभिनय करना पड़ता है...
थक गया हूँ तेरी नौकरी से ऐ ज़िन्दगी...
मुनासिब होगा कि तू मेरा हिसाब कर दे।
माचिस की ज़रूरत यहाँ नहीं पड़ती है जनाब...
हर आदमी ही आदमी से जला करता है...
दुनिया के बड़े से बड़े साइंटिस्ट ये ढूँढ रहे हैं...
कि मंगल पर जीवन है या नहीं...
पर आदमी ये नहीं ढूँढ रहा...
कि जीवन में मंगल है या नहीं।
मंदिर में फूल चढ़ा कर आए तो ये ऐहसास हुआ कि...
पत्थरों को मनाने में...
फूलों का क़त्ल कर आए हम...
गए थे गुनाहों की माफ़ी माँगने ...
वहाँ एक और गुनाह कर आए हम॥"

समाप्त।

श्री समीर।